Psicanálise e pesquisa:
a função paterna

Série Psicanálise e conexões

Psicanálise e pesquisa: a função paterna

Volume 1

ESCOLA Lacaniana de PSICANÁLISE

Equipe de pesquisadores
do Projeto Função Paterna

Maria Teresa Palazzo Nazar (COORDENADORA)
André Luís de Oliveira Lopes
Maria Cecília Vieira Bretas
Ísis Regina dos Santos Mendes
Mirta Fernandes
Maria Teresa Saraiva Melloni

Equipe de autores
do livro A função paterna

Maria Teresa Palazzo Nazar (ORGANIZADORA)
Ana Paula da Costa Gomes
André Luís de Oliveira Lopes
Maria Cecília Vieira Bretas
Ísis Regina dos Santos Mendes
Mirta Fernandes
Maria Teresa Saraiva Melloni

Editoração eletrônica
FA – Editroação eletrônica

CIP-BRASIL. CATALOGAÇÃO-NA-FONTE
SINDICATO NACIONAL DOS EDITORES DE LIVROS, RJ

P969 Psicanálise e pesquisa : a função paterna. – Rio de Janeiro : Cia. de Freud : Escola Lacaniana de Psicanálise, 2008.
124 p. : . – (Psicanálise e conexões ; v.1)

Contém glossário
Inclui bibliografia
ISBN 978-85-7724-050-0

1. Figura paterna – Aspectos psicológicos – Pesquisa. 2. Pais e filhos – Aspectos psicológicos – Pesquisa. 3. Psicanálise – Pesquisa. I. Escola Lacaniana de Psicanálise. I. Título: A função paterna. III. Série.

08-1548. CDD: 155.6464
CDU: 159.963-055.52

Sumário

Apresentação da Série Psicanálise e conexões

Volume 1

Psicanálise e pesquisa: a função paterna

Esta série, *Psicanálise e conexões*, destina-se a apresentar os efeitos da interdisciplinaridade entre o discurso psicanalítico e os outros discursos.

O campo de pesquisas é, para a psicanálise, a *clínica em intensão e extensão*. Chamamos de psicanálise em *intensão* aquela que se dá no percurso de uma análise e psicanálise em *extensão*, o que diz respeito aos efeitos da análise pessoal no laço entre os analistas e no destes com o social e outros campos de saber.

É preciso dizer qual a função da pesquisa numa escola lacaniana de psicanálise: ela faz parte da formação de cada psicanalista, uma vez que, através de seus efeitos, produz-se nele um questionamento sobre o que é sua experiência de discurso.

Apesar das dificuldades inerentes à sustentação de uma interface entre campos de saber distintos e em função dos limites impostos por cada discurso, um grupo de psicanalistas da Escola Lacaniana de Psicanálise (ELP) decidiu lançar-se em uma experiência de escuta, para-além da realizada no privado de seus consultórios, na direção do que podemos nomear de *clínica geral*.

Sob o modo de cartel, órgão de base de uma escola de psicanálise, dividiu-se o grupo para evitar os efeitos imaginários de colamento e estagnação, sempre presentes nos grupos, privilegiando um trabalho mais eficaz na elaboração e transmissão da experiência.

Cada livro da série guarda uma forma particular de lidar com os enunciados e enunciações. Deste modo, pretende-se apontar para a singularidade de cada fala, visando evidenciar a autoria em questão.

Os escritos de cada texto privilegiam o que pôde ser elaborado em cada experiência, a partir da escuta dos significantes que permeiam o campo pesquisado. Portanto, os relatos recolhidos nos livros da série não são, necessariamente, citações rigorosas dos entrevistados, mas um trabalho laborioso de tessitura na composição de uma tela, no qual a cena emoldurada possa ser vista por qualquer um e as conclusões sejam obtidas a partir da leitura realizada com os significantes de cada um.

Optamos por um modo de escrita no qual a autoria constitui-se a partir da leitura de textos teóricos e demais materiais de pesquisas realizadas pelos cartéis envolvidos. Para tal, tomamos como exemplo os livros de *Scilicet*, ainda inéditos em português, nos quais este modo de transmissão do saber psicanalítico privilegia a experiência do conjunto dos *analistas-autores-de-textos*, fundando-se sobre o princípio do texto não assinado. Afirma Lacan na introdução de *Scilicet*: "[...] pelo menos para qualquer um que contribuirá com um artigo como psicanalista"[1]. Por não se tratar de anonimato, ao conjunto destas publicações da *Série Psicanálise e Pesquisa* segue-se a lista dos analistas que deram a sua contribuição, pondo à prova a transmissão em psicanálise, ao privilegiar a elaboração teórica como produto de um ensino, o lacaniano.

O recolhimento e tessitura dos vários ditos constituem uma trama, onde o que importa é a topologia estrutural de um texto alinhavado para transmitir o não-senso real da experiência com o inconsciente.

A Escola Lacaniana de Psicanálise (ELP) torna-se assim a única assinatura: o privilégio a uma produção coletiva aposta que esta seja o testemunho de um ensino da Psicanálise.

---

[1] Lacan, J. Scilicet, Paris, Seuil, 1968, p. 4.

Introdução

Como podemos pesquisar o tema *função paterna* no campo da psicanálise? O que é um pai para a psicanálise? Certamente acrescentamos a esta questão o termo função, porque há uma especificidade que não se esgota no senso comum.

Para a psicanálise, a função paterna é nuclear na medida em que está na origem da constituição de todo sujeito, e este é sempre submetido à lógica significante que ordena o campo da fala e da linguagem.

Na origem da relação do homem ao significante está o pai como função. É o enigma do desejo do pai que cria para o filho sua própria perspectiva desejante, instando-o a dizer, sempre para um outro, seu não-saber sobre sua origem.

Freud já havia dado uma hipótese dividida em três tempos para a questão da origem: *primeiro*, teorizou sobre o tempo mítico do assassinato do pai da horda, o que possibilitou a interdição do incesto e a entrada do homem na cultura; *segundo*, escreveu sobre um outro assassinato, o de Moisés, que numa repetição em relação ao que ficara realçado, o ato de assassinato primeiro, permitiu a instauração de uma dívida simbólica com o pai que recobre o ódio primitivo com o amor a ele, instaurando sua Lei a partir da divisão, do descentramento do sujeito, não havendo mais ponto de origem, mas ficção sobre esta. O *terceiro* tempo freudiano diz respeito ao Complexo de Édipo, que, no plano individual e subjetivo, cada sujeito experimenta como construção mítica do vivido da espécie ou grupo no terreno da singularidade de sua relação com o Outro que constitui a Cultura como lugar.

Lacan irá abordar a problemática do Édipo freudiano pela via do significante. Neste sentido, o pai só interessará para a constituição subjetiva na medida em que ele é uma função, e não uma pessoa. Desde que haja alguém que cumpra a função de terceiro, interditando a mãe à criança, frustrando-a e privando-a da reintegração de seu produto, o espaço para a constituição subjetiva bem como a interrogação sobre o desejo estarão preservados.

Na medida em que a Cultura vem deslocando o lugar privilegiado do pai, a partir das novas constituições familiares, novas conjugalidades, etc, a teoria lacaniana sobre o gozo presta-se melhor, como instrumento de leitura dos acontecimentos contemporâneos, do que a sua primeira elaboração sobre a função paterna a partir da lógica do significante.

É o estudo das questões em torno da problemática da assunção subjetiva de uma posição desejante, que está em questão nesta pesquisa sobre a função paterna. As vicissitudes do desejo de criança, o lugar da criança adotiva, a recusa do luto da esterilidade, a problemática do aborto, a noção de pai incerto, enfim, tantas questões quantas são as modalidades de apreensão das perguntas *O que é um pai? O que é um filho?* serão colocadas na roda de nossas discussões.

É fundamental dizer que esta pesquisa, que já dura mais ou menos uma década, percorreu campos variados: o trabalho de quatro anos com meninos e meninas em situação de risco nas ruas do Rio de Janeiro; o trabalho em uma creche da prefeitura da cidade do Rio de Janeiro; o atendimento de crianças, jovens e pais enviados pela Primeira Vara de Infância, Juventude e Idoso, do Rio de Janeiro; o trabalho com a ONG Quintal da Casa de Ana, através dos *Celeiros da Escrita*[1], e o trabalho de cartéis na Escola Lacaniana de Psicanálise (ELP).

1 O Celeiro da Escrita é um espaço de trabalho ainda em período de estruturação como pesquisa. Tem como finalidade investigar as vicissitudes da constituição do sujeito no tempo de aquisição da fala e do escrito; tempo, pois, de recalque da escrita da fantasia.

I – Do amor ao pai à interrogação sobre o desejo e o gozo na contemporaneidade

Algumas observações introdutórias

Vamos tratar aqui de algumas questões fundamentais não só para o campo específico da clínica psicanalítica, mas, também, para o que podemos chamar de clínica geral. Chamamos de clínica a prática de um saber e a possibilidade de uma via de pesquisa, articuladas de tal maneira que seja possível o estabelecimento de um saber elaborado a partir de uma verdade. A clínica é sempre algo que tem como finalidade, bem como em sua origem, a experiência, na singularidade de cada caso. Daí partimos para considerar todo e qualquer universal, retornando ao particular e ao um a um. Em psicanálise, qual é a clínica que a especifica? Estamos considerando o que é para todo e qualquer sujeito uma experiência de discurso.

A clínica psicanalítica distingue-se da clínica médica. Enquanto a medicina privilegia a imagem, a psicanálise aposta na fala, orientando-se pelo que o sujeito enuncia. Assim, é a escuta do que o analisando diz de seu sofrimento que orienta o psicanalista na direção do tratamento. Já a escuta médica privilegia o sintoma no corpo a partir de um saber prévio que julga, discrimina e cataloga, nas diversas condutas, aquilo que se vê.

Portanto, para além dos métodos que possam ser adotados, é a posição daqueles que estão diante de uma pessoa em sofrimento que vai determinar a diferença radical entre escuta psicanalítica e escuta médico-terapêutica. Contudo, tanto o psicanalista quanto o médico, ou qualquer outro profissional da área de saúde, devem lembrar que a singularidade do mal-estar daquele que os procura questiona sempre o saber previamente adquirido.

Não nos esqueçamos de Hipócrates quando dizia que aquele que vai ao médico queixando-se de algo e pedindo a cura para um mal qualquer demanda, antes de tudo, que seu mal possa ser escutado pelo que diz dele. Pois o mal maior não é visível nem diretamente audível, já que se trata da dor da alma, da dor de existir.

O médico típico da antiguidade era aquele suposto saber acolher a demanda de cura de seus pacientes. Demanda que não visava apenas o corpo real em sofrimento, mas se fazer escutar; prova de que a palavra sempre teve função de cura.

No universo dos discursos algumas palavras vão interessar ao psicanalista, porque correspondem a conceitos que lhe são fundamentais na sua prática. Na relação daquele que sofre com alguém a quem procura supondo que ele sabe a causa de seu sofrimento, vemos surgir a mola da transferência. Conceito fundamental que funda a relação psicanalítica. Essa experiência implica que se busque um psicanalista qualquer, capaz de sustentar a construção, na atualidade da transferência, da realidade do Inconsciente. É por essa via que o psicanalista torna-se uma das formações do Inconsciente.

É também pela transferência que uma demanda se articula, explicitando sua dimensão de falha por onde o desejo insiste, arrebentando todo e qualquer sentido que a ele se queira dar. O desejo é puro não-senso, ele vai na contramão do sentido e é por isso que Lacan afirmará no Seminário sobre *A ética da psicanálise* (1959-1960), que ele visa o real para além de toda e qualquer significação de demanda.

Se o inconsciente precisou esperar pelo século XIX para ser descoberto por um médico vienense extremamente observador e rigoroso em sua pesquisa, não se pode deixar de dizer que, de certo modo, não lhe foi necessário mais do que a introdução de uma descontinuidade na vida dos primitivos homens para colocar-se em funcionamento. É, pois, pela via da Pulsão de Morte que a hiância entre tempo e espaço presentifica na vida a dimensão da perda, dando lugar ao acontecimento do sujeito e "à função e campo da fala e da linguagem"[1].

A título de introdução é bom sublinhar os quatro conceitos fundamentais privilegiados por Lacan na obra de Freud, isto é; o inconsciente, a repetição, a pulsão e a transferência. Será através deles que poderemos introduzir que a questão sobre a *função paterna* inaugura a possibilidade do dom de amor na via do desejo e do gozo para um sujeito.

Freud, Lacan e o lugar do pai

São muitos os escritos de Freud que abordam a questão do pai. De fato, este tema é central na sua obra e isso certamente diz respeito a sua própria origem judaica e à cultura vitoriana, na qual ele viveu e escreveu boa parte de seus trabalhos mais fundamentais.

Podemos dizer que aquela época – isto é, final do século XIX e início do século XX – caracterizava-se por ter, sobretudo na figura do pai, uma referência forte o suficiente para justificar o temor e o respeito que a este tinham os filhos.

Num certo sentido, a *imago* paterna como figura de autoridade veio decaindo desde os ventos de liberdade trazidos pela Revolução Francesa. No entanto, é nos primórdios de uma nova era, com a Revolução Industrial, que a transmissão de tradição operada pelo pai deixara de ser suficiente.

O trabalho excessivo e a necessidade cada vez maior também da mãe em jornada externa de labuta foram minando insidiosamente o valor de autoridade do pai. Veremos como e porque a ausência simultânea destes dois elementos foi sendo substituída pelo Estado, que, em sendo anônimo, não pode oferecer uma suplência efetiva, tendo como conseqüência as vicissitudes com as quais hoje nos defrontamos.

---

[1] Lacan, J. "Do sujeito enfim em questão", *in Escritos,* Rio de Janeiro: Zahar, 1998, pp. 229-238.

É curioso pensar que justamente onde a *imago* do Pai começa a fraquejar outra coisa surge: a função paterna, a qual, diz Philippe Julien, "já estava lá desde sempre"[2].

Mas qual seria a necessidade de distinguirmos *imago* de função paterna?

Freud recorreu ao mito de Édipo e inventou seu próprio mito, este presente no texto intitulado "Totem e tabu", para elaborar toda a sua teoria sobre o eu e suas relações com o inconsciente. Mais precisamente, ele se utilizou de suas observações, sobretudo as das histéricas, para sustentar a predominância do simbólico em relação ao imaginário na apreensão da experiência real de seus analisandos, muito embora não tenha categorizado estes registros, uma vez que é Jacques Lacan quem o faz.

A prevalência do simbólico vai tratar da predominância das articulações significantes sobre o sentido dos discursos. Assim, ao escutar um analisando, o que um psicanalista destaca não é o enunciado, mas a enunciação; o que importa, não é o dito, mas o que fica por se dizer e que se presta às formações do inconsciente, através das quais Freud pôde levantar a hipótese do inconsciente.

Na fala, o inconsciente se mostra surgindo das falhas do sentido. Assim os chistes, os sonhos, os atos falhos e os sintomas vêm explicitar a outra-cena, invisível e inaudível, onde o sujeito habita o inconsciente.

Para retomar a questão inicialmente colocada, vamos dizer que o advento da fala na criança pequena dá-se por identificação ao significante, e que isto é um acontecimento que não envolve só os três registros propostos por Lacan (Real, Simbólico e Imaginário), mas também esta identificação primária e estruturante que está na dependência do amor do pai. Bem entendido, não se trata da pessoa do pai, mas do lugar que ele ocupa no desejo da mãe, já

---

[2] Julien, P. "O amor pelo pai em Freud", *in Littoral* "Do pai", Rio de Janeiro: Companhia de Freud, 2002, p. 173.

que o bebê mantém com esta uma relação dual na qual o pai está incluído, mas velado.

O complexo de Édipo é assim chamado porque implica uma estrutura quaternária: a criança, o pai, a mãe e o significante falo, ordenador das relações entre os três primeiros.

É a mãe da criança, enquanto seu Outro primordial, quem medeia a relação desta com o pai. Chamamos de Outro primordial o lugar estruturante no qual a criança, ainda *infans* – quer dizer, quando ainda não se apropriou da palavra no campo da fala e da linguagem – encontrará abrigo da experiência de corpo despedaçado que vive desde seus primórdios até o seu nascimento como sujeito. E isso não se dá sem que haja o investimento do Outro na criança. Investimento que Freud nomeou de libido e que Lacan retomou dizendo tratar-se de uma demanda implícita na qual pode ser veiculado o desejo do Outro, este também inteiramente inconsciente. E o "que é a demanda? É aquilo que, a partir de uma necessidade, passa por meio do significante dirigido ao Outro".[3] Em outras palavras, podemos dizer que toda demanda é demanda de amor ao Outro, é demanda de reconhecimento.

Nada como uma boa histérica para exemplificar o que está em jogo na demanda e no que difere do desejo que ela escamoteia. Para tal, vamos relembrar o caso clássico de Freud, "o sonho da bela açougueira": o que ela demanda? Bem, ela pede a seu marido libidinoso, mas também zeloso, exatamente aquilo que ele não pode lhe dar. Relembremos que todo sonho contém alguns restos diurnos, recolhidos para servir ao desejo inconsciente. Eis o sonho, relatado pela jovem a seu analista: queria dar um jantar, mas só possuía salmão defumado na despensa. Resolveu sair para fazer compras, mas era domingo e, por isso, as lojas já estavam fechadas. Pretendeu ligar

---

[3] Lacan, J. *O Seminário, Livro 5, As formações do inconsciente*, Rio de Janeiro: Zahar, 1999, p. 91.

para fornecedores, mas o telefone não funcionava. Por isso, teve de abrir mão do desejo de oferecer o tal jantar.

Freud sublinha o relato do sonho para sustentá-lo como realização de desejo, dizendo a sua jovem analisanda que apesar de ela querer confrontá-lo com o fato de que em seu sonho ela se vê frustrada em sua intenção, ainda assim, tratava-se de uma realização de desejo. Mas como? Para entendermos bem o que estava em jogo no sonho, precisaremos caminhar um pouco mais com Freud no processo de deciframento do mesmo. Ele vai analisar cada detalhe do que lhe diz a paciente, recortando elementos significantes fundamentais para o entendimento do sonho. Primeiro, o fato de que o marido da jovem era um açougueiro atacadista que havia manifestado o desejo de perder peso e, para tal, anunciava-lhe a decisão de não mais aceitar jantares sociais. Segundo, que ela mesma vinha há muito tempo desejando comer sanduíches de caviar todas as manhãs, mas, por ser uma despesa proibitiva, não se autorizava a pedir a seu marido obsequioso a satisfação de tal desejo, preferindo manter sua insatisfação. Nenhum destes fragmentos parecia fazer sentido para o atento Freud, até que sua analisanda acrescentou um elo associativo, no qual a interpretação do sonho se completou. A moça disse que havia visitado no dia anterior à sessão uma de suas amigas, de quem sentia ciúmes porque seu marido a elogiava muitas vezes. Felizmente, continuou, ela era bastante magra e seu marido apreciava mulheres de formas arredondadas. Essa amiga havia lhe confessado sua vontade de engordar e, lembrando-se dos jantares na casa da jovem açougueira, perguntou: "Quando é que vocês vão nos convidar de novo? Sempre se come muito bem em sua casa". Para além do duplo sentido da última frase, Freud percebeu claramente a razão e o sentido do sonho de sua paciente. Era como se ela houvesse respondido à amiga, mentalmente: "Pois sim! Eu vou mesmo convidá-la, para que você coma muito bem, engorde e agrade ainda mais ao meu marido! Prefiro nunca mais oferecer um jantar na minha vida!".

Ficou claro para Freud, e ele pode dizê-lo à jovem, que ela havia realizado o seu desejo de não contribuir para que sua amiga ficasse ainda mais desejável. Quando seu marido comunica-lhe não querer mais participar de jantares para não engordar, ele sinaliza que estes engordam. Mas e o salmão do sonho? O que ele significava? Freud pergunta à paciente como este havia surgido no sonho e ela revela que era o prato predileto da amiga.

Assim, Freud veio ilustrar com esse fragmento da clínica a importância da escuta analítica, não na direção do enunciado, onde reina o sentido imaginário, mas visando sempre as articulações significantes cifradas pelo inconsciente.

Assim, não é demais frisar, e o fazemos com Lacan, no Seminário *As formações do inconsciente*:

> o sujeito não é estruturado do mesmo modo que o eu da experiência. O que se apresenta nele tem suas leis próprias. Suas formações têm não somente um estilo particular, mas uma estrutura particular. Essa estrutura, Freud a aborda e a demonstra no nível das neuroses, no nível dos sintomas, no nível dos sonhos, no nível dos atos falhos, no nível da tirada espirituosa, e a reconhece como única e homogênea [...] estamos agora, isto é, depois de Freud, em condições de apreender que essa estrutura do inconsciente, isso pelo qual se reconhece exaustivamente o que a análise lingüística nos permite situar como sendo os meios essenciais de formação de sentido, na medida em que este é gerado pelas combinações do significante[4].

Vemos, no exemplo transposto do texto freudiano *A interpretação dos sonhos*, que a dialética do desejo e da demanda constitui-se a partir da identificação ao desejo do Outro. E se o falo é o significante que ordena o campo dos demais significantes, isto é, sua

---

[4] Lacan, J., *op. cit.*, p. 52.

função é marcar o que o Outro deseja, ele o faz na medida em que este pode ser reconhecido como também marcado pelo significante.

É porque desde os primórdios da relação da criança com seu Outro este lhe aparecendo marcado pelo significante que ela pode se conhecer como também marcada. É por meio desta identificação primordial que dar-se-á conta de que "há sempre algo que resta para além do que pode satisfazer-se por intermédio do significante, isto é, pela demanda. Essa clivagem feita em torno da ação do significante, esse resíduo irredutível ligado ao significante, também tem seu signo próprio, mas esse signo vem se identificar com essa marca no significado. É aí que o sujeito tem que encontrar seu próprio desejo"[5].

O desejo é algo que nasce da relação do sujeito ao significante. Se o falo é o significante privilegiado entre todos os outros, é porque ele aponta para o fato de que uma criança só deseja a partir do desejo de seu Outro primordial, que podemos ilustrar como sendo a Mãe, e depois o pai. E Lacan nos lembra bem que, no cerne da causa do desejo, está a interrogação enigmática, o "Che vuoi?", no qual a criança reencontrará o significante da falta no Outro, por onde ela fará sua entrada na ordem simbólica. A partir do quê? A partir de uma substituição significante: o significante do Pai deverá estar colocado no lugar do desejo da Mãe. É este significante nomeado por Lacan como Nome-do-Pai, significante que vem substituir o enigmático das presenças e ausências do corpo materno.

Ele não é o patronímico, a marca legal que o Estado ratifica quando se é registrado em cartório. Também não é o que a criança balbucia, quando chama pa-pai. O Nome-do-pai é o que, vindo da mãe, surgindo no lugar que ela confere ao pai de seu filho em seu desejo, pode doar uma *significação* à criança. O dom de amor do pai precisa estar presente na fala da mãe, isto é, ele deve ter lugar na estrutura que antecede o advento da criança enquanto sujeito.

---

[5] Lacan, J., *op. cit.*, p. 379.

Portanto, não basta que o pai seja isto ou aquilo. É preciso que ele seja desejado pela mãe; que esta esteja marcada e reconheça sua própria castração, sob a forma da relevância que dá à autoridade de seu parceiro. É assim que o Nome-do-pai, enquanto significante da lei que rege o desejo, pode vir em substituição ao Desejo-da-Mãe, dando lugar ao sujeito, o qual, só-depois, poderá advir na estrutura. Por isso, "todo pai é não adotivo, mas adotado"[6]. "Freud nos revela que é graças ao Nome-do-Pai que o homem fica ligado ao serviço sexual da mãe"[7].

Porque o pai é sempre incerto, enquanto a mãe não, ele necessita ser reconhecido por ela.

O simbólico do pai não está na dependência de ter havido um coito que engravidou uma mulher, fazendo com que ela parisse uma criança nove meses depois. Há algo mais que precisa estar ratificado no significante, para que um pai aceda à sua função. Toda a questão do complexo de castração como vicissitude do Édipo vem mostrá-lo, a partir da articulação de uma cadeia significante capaz de incluir o efeito de uma perda radical, marcando o sujeito como dividido entre Saber e Verdade.

Saber e verdade: a vicissitude possível pelo dom do pai

Nos *Escritos*, Jacques Lacan presenteia-nos com um texto fundamental para a psicanálise, chamado "A ciência e a verdade"[8]. Este vem na seqüência de um outro também primoroso intitulado "Do 'Trieb' de Freud e do desejo do psicanalista"[9]. São dois textos que se articulam, na medida em que nos apresentam a origem do sujeito a partir da Lei do desejo que sustenta os lugares do simbólico.

---

[6] Lacan, J. "Do '*Trieb*' de Freud e do desejo do psicanalista", in *Escritos*, Rio de Janeiro: Zahar, 1988, p. 866.

[7] Julien, P. "O amor pelo pai em Freud", in *Littoral* "Do pai", Rio de Janeiro, Companhia de Freud, 2002, p. 176.

[8] Lacan, J. "A ciência e a verdade", in *Escritos*, Rio de Janeiro: Zahar, 1998, pp. 869-892.

[9] Lacan, J., *op. cit.*, pp. 865-868.

Na medida em que a experiência do sujeito é fundamentalmente de perda do objeto, deste fosso entre o sujeito e o objeto que lhe caberia, se houvesse um que lhe coubesse, ela funda a divisão entre o sujeito e o desejo. É isso que dá a estrutura da fantasia original, a qual deverá ser construída na análise enquanto fantasia fundamental, para que a partir da sua verdade o sujeito venha a saber da causa de sua castração.

Toda conceituação de Lacan apóia-se numa equação que exclui toda e qualquer referência ao Eu.

No texto "A ciência e a verdade", lembra-nos que operamos sobre o sujeito da ciência e nos adverte que a psicanálise deve ser diferenciada da ciência enquanto tal. Sua fórmula da equação do sujeito sustenta que a "práxis da psicanálise não implica outro sujeito senão o da ciência"[10]. A operação psicanalítica, estruturando internamente à experiência o objeto que lhe interessa, não é exterior à ciência. O objeto por ela produzido, o objeto *a* da álgebra lacaniana, na passagem da *práxis* à *theoria*, tem como efeito o relançamento da causa inconsciente. Este, estruturado como uma linguagem, se inscreve como saber e verdade.

A partir da invenção do objeto *a*, não só a psicanálise, mas, também, outros campos de saber sofreram um corte que é o nome da diferença real entre cada um dos discursos que possibilitam laço social.

O objeto introduz nos discursos uma diferença radical, fazendo com que não se possa mais dizer que a história é que marca os acontecimentos, bem como numa seqüência cronológica em relação a eles, determina o presente e o futuro.

É preciso pensar na heterogeneidade e na multiplicidade intrínsecas aos discursos como fundando uma doutrina da pluralidade que sustenta o conceito de corte, fora da cronologia. Assim, o contingencial enquanto categoria que advém na realidade de um sujeito

---

[10] Dufour, D.-R., *Os mistérios da trindade*, Rio de Janeiro: Companhia de Freud, 2000, pp. 47-48.

obedece a uma lógica de articulação que a propicia, permitindo uma contagem que, justamente, não se reduz a nenhuma cronologia.

A função de corte exercida pelo objeto *a* sobre os discursos neles introduz uma espécie de anti-história, mostrando que toda sucessão é imaginária e o modo como se articula a sucessão é simbólico.

A infância[11] promove na linguagem a cisão entre a língua e o discurso, tão característica da fala humana. O homem, por ser inacabado, prematuro, está numa condição distinta dos animais, já que não é um ser de linguagem e deve dela se apossar. Apossar-se da linguagem quer dizer cifrá-la e neste ciframento é que está o gozo. Gozo que é efeito do haver significante. Gozo da língua que se inscreve no corpo.

Se é verdade que a linguagem é um aparelho do gozo, é também verdade que o corpo no qual se inscreve, a ser considerado como substância gozante, é um corpo de linguagem, só interessando enquanto suporte para o sujeito. O lugar-tenente do sujeito é, para Lacan, o que aparece no lugar da linguagem. Assim sendo, a experiência do inconsciente estruturado como uma linguagem é, em Lacan, a experiência do sujeito.

Jean-Claude Milner ratifica esta afirmação dizendo que "o sujeito freudiano, isto é, o sujeito capaz do inconsciente, pode e deve ser instituído como sujeito de um significante; é preciso e basta para isso que o inconsciente seja pensado como cadeia, o que assegura o Logion[12], o inconsciente estruturado como uma linguagem"[13].

A problemática do sujeito referido ao significante coloca em cena a função paterna, questão puramente lógica, fundante de uma

[11] Infância é o termo com o qual designamos o período de aquisição da linguagem. É o tempo necessário para a estruturação da fantasia inconsciente.

[12] Jean-Claude Milner faz uso deste termo, extraído da filologia dos evangelhos, para fins leigos. Ela diz respeito à proposição transmissível, assinalada por sua sintaxe e por sua recorrência. Os logia derivam do bem dizer. Lacan usava o "semidizer" o tempo todo, semidizer que se origina do bem dizer, como via de acesso para este. Chama-se bem dizer ao lapso, ao chiste, ao ato falho. O bem dizer presentifica-se em um único lance.

[13] Milner, J.-C. *A obra clara*, Rio de Janeiro: Zahar, p. 49.

seriação ordenada dos significantes que podem constituir uma dada progenitura.

É pela via do significante paterno que se inscreve a referência de um sujeito àquilo que o marca como singular, traço que o inscreve numa dada constelação significante que, vulgarmente, chamamos família. A esse enxame de significantes primordiais na história de um sujeito Lacan chamou de S_1. Estes, no entanto, só adquirem valor para um dado sujeito, isto é, uma significação, quando na relação com seu Outro primordial eles o representam como saber. Quer dizer, um outro enxame de significantes, S_2, no caso. *O nome de um sujeito é o nome de uma progenitura, uma linhagem reconhecida por seus predecessores.*

Pode-se dizer que a infância do homem é sua experiência de discurso, a qual inaugura uma temporalidade lógica que está de acordo com sua apropriação da linguagem. O fato de se nascer imerso na linguagem não quer dizer que se tem a fala garantida, já que o filhote do homem nada tem a ver com a Natureza. Ele é o único que pode viver uma infância que, enquanto experiência, destina a linguagem à verdade do inconsciente.

Isso quer dizer que a verdade para o falante não pode ser extraída senão da relação original entre infância, verdade e linguagem na construção de um saber inaugural: o do inconsciente.

Se a ciência moderna tem em seus princípios a busca de uma certeza que anula a separação entre experiência e ciência, não seria o caso de pensarmos que ela está voltada para a destruição da experiência, já que faz dela lugar de acúmulos de conhecimento?

O significante Nome-do-Pai tem como função nomear o lugar do sujeito na série significante, inscrevendo-o como "mais-um" na mesma. Trata-se, nele, de um nome enigmático porque carreia uma série significante esquecida e, além disso, corresponde à história de uma cultura, de uma língua, de um núcleo familiar que transcende os genitores. Empresta-se um nome para o que há de nominável na ordem das gerações, da cultura e da linguagem.

ERRATA

NAZAR, ORGANIZAÇÃO TERESA PALAZZO. Conexões em Psicanálise – Psicanálise e Pesquisa: a função paterna. Rio de Janeiro, 2008. 124 f.

Página	Parágrafo	Linha	Onde se lê	Leia-se
08	03	18	para	por
13	02	04	;	,
17	04	14	o (minúsculo)	O (maiúsculo)
19	04	23	'Trieb'	*'Trieb' (itálico)*
21	05	23	Logion	*Logion (itálico)*
23	02	13	(cogito)	*(cogito) (itálico)*
23	02	14	(ergo) "Cogito	*(ergo) "Cogito (itálico)*
25	03	19	impossível dizer	impossível dizer..."
25	03	19	o verdadeiro	"...o verdadeiro
26	02	14	véu	vel
26	03	24	véu	vel
28	05	25	pergunte-se	Pergunte-se (maiúsculo)
45	01	06	... da linguagem	... da linguagem. E com isso... (continua, não separa em parágrafo. Citação termina na linha 11.)
50	03	10	visem	visam
53	Nota Rodapé	04	fase	fases
58	Nota Rodapé	01	13 Lacan	13 Lacan (sem espaço)
60	03	28	traria	faria
79	02	07	Slavo	Slavoj
85	Nota Rodapé	03	Derecho y psicoanálisis	*Derecho y psicoanálisis (itálico)*

Página	Parágrafo	Linha	Onde se lê	Leia-se
94	Nota Rodapé	01	Desejo de criança	"Desejo de criança"
94	Nota Rodapé	01	*Revista Internacional*	Revista Internacional
109	01	10	"Wo es war, soll Ich werden"	*Wo es war, soll Ich warden (itálico / sem aspas)*
109	01	11	advirá	deve advir
111	Nota Rodapé	01	Totem e tabu	"Totem e tabu"
113	03	10	deste	destes
116	04	24	preventiva,	medicina preventiva,
116	05	31	horas os procedimen-	horas, procedimen-
117	02	04	aos	dos
117	04	13	as	às
117	04	14	jque	já que
117	04	14	demonstrara precoce do bebê a partir do laço mãe-bebê.	demonstraram total desconhecimento, por parte dos médicos e enfermeiros, sobre o modo de instalação do aparelho psíquico, o qual está na dependência da efetivação do laço mãe-bebê.
119	04	16	1ª Vara, verificamos	1ª Vara nos enviou, verificamos
121	04	11	Banveniste	Bienveniste

Agradecimentos

Agradecemos a parceria oferecida pela primeira Vara da Infância, Adolescência e Idoso, em especial à sua equipe de Psicologia.

Esse significante (que pára de não se escrever) sustenta a possibilidade de uma causa de desejo, pois ele é o símbolo de uma falta na série de significantes que se articulam como saber. Este é o saber inconsciente sobre a perda do objeto que, por ser impossível, já que jamais existente, resta como semblante do que seria na tentativa de obturar a falta.

Todo *cogito* está em sintonia com a possibilidade de se pensar a estrutura qualquer e mínima que possibilita o aparecimento de um sujeito. Quando Lacan dá a fórmula estrutural mínima de um discurso, ele faz uma releitura do *cogito* de Descartes. Nesta, é por efeito de um "só-depois", isto é, como produto de uma existência efetivada na experiência do discurso, que um sujeito pode dar-se conta de que ele é efeito de um "penso" (cogito): efeito da presença-ausência do movimento de alternância do "logo" (ergo) "Cogito, ergo sum" conjuga o Verbo da existência evanescente de um sujeito que só é no momento em que diz, para no instante seguinte desaparecer sob o efeito, sob o peso do sentido que dá ao querer fazer sentido. O que podemos depreender disso que Lacan vai buscar em Descartes, para sustentar sua lógica do sujeito como inconsciente?

Para responder, vamos ao texto do próprio Descartes. Tanto no *Discurso do método* quanto nas *Meditações*, esse autor esclarece que, pela exacerbação da dúvida, podemos colocar em xeque a objetividade do conhecimento científico.

Se de uma máxima incerteza – "duvido" – posso chegar a uma primeira certeza – "penso" –, então, isso me permite afirmar, levando em consideração o raciocínio matemático das progressões a partir de termos ordenados, que "penso, logo existo" (*cogito ergo sum*).

A partir de uma dúvida sou levado à certeza de existir. O *eu* que se afirma o faz na estrita dependência de um pensamento sobre sua existência. Caso não pensasse, não teria como existir. Do pensamento até a certeza do ser que pensa há um abismo a ser transposto: aquele que separa a subjetividade da objetividade. Todo o desenvolvimento teórico do pensamento de Descartes, por mais interessado que estivesse em sustentar racionalmente a existência de um mundo físico, visa provar a existência de um Deus que é, na verdade, densa: a Densa-Razão, depois exaltada no iluminismo do séc. XVIII.

Na quarta parte de seu *Discurso do método*, Descartes dá-nos a formulação de seu *Cogito*, sustentado na dedução lógica de um pensamento que se afirma, só-depois reconhecido como existente:

> Porque os nossos sentidos nos enganam às vezes, quis supor que não havia coisa alguma que fosse tal como eles nos fazem imaginar. E, porque há homens que se equivocam ao raciocinar, mesmo no tocante às mais simples matérias da geometria, e cometem aí paralogismos, rejeitei como falsas, julgando que estava sujeito a falhar como qualquer outro, todas as razões que eu tomara até então por demonstrações. E, enfim, considerando que todos os pensamentos que temos quando despertos nos podem também ocorrer quando dormimos, sem que haja nenhum, nesse caso, que seja verdadeiro, resolvi fazer de conta que todas as coisas que até então haviam entrado no meu espírito não eram mais verdadeiras que as ilusões de meus sonhos. Mas, logo em seguida, adverte que, enquanto eu queria assim pensar que tudo era falso, cumpria necessariamente que eu, que pensava, fosse alguma coisa. E, notando que esta verdade: *eu penso, logo existo*, era tão firme e tão certa que todas as mais extravagantes suposições dos céticos não seriam capazes de abalar, julguei que podia aceitá-la, sem escrúpulo, como o primeiro princípio da Filosofia que procurava.
>
> Depois, examinando com atenção o que eu era, e vendo que podia supor que não tinha corpo algum e que não havia qualquer mundo, ou qualquer lugar onde eu existisse, mas que nem por isso podia supor que não existia; e que, ao contrário, pelo fato mesmo de eu pensar em duvidar da verdade das outras coisas seguia-se mui evidentemente e mui certamente que eu existia; ao passo que, se apenas houvesse cessado de pensar, embora tudo o mais que alguma vez imaginara fosse verdadeiro, já não teria qualquer razão de crer

> que eu tivesse existido; compreendi por aí que era uma substância cuja essência ou natureza consiste apenas no pensar, e que, para ser, não necessita de nenhum lugar, nem depende de qualquer coisa material. De sorte que esse eu, isto é, a alma, pela qual sou o que sou, é inteiramente distinta do corpo e, mesmo, que é mais fácil de conhecer do que ele, e, ainda que este nada fosse, ela não deixaria de ser tudo o que é.
>
> Depois disso, considerei em geral o que é necessário a uma proposição para ser verdadeira e certa, pois, como acabava de encontrar uma que eu sabia ser exatamente assim, pensei que devia saber também em que consiste essa certeza. E, tendo notado que nada há no eu penso, logo existo, que me assegure de que digo a verdade, exceto que vejo muito claramente que, para pensar, é preciso existir, julguei poder tomar por regra geral que as coisas que concebemos mui clara e mui distintamente são todas verdadeiras, havendo apenas alguma dificuldade em notar bem quais são as que concebemos distintamente[14].

A via aberta por Freud, sob o nome de inconsciente, dá-nos a dimensão de uma verdade que se mostra não-toda, porque "é impossível dizer – como nos demonstra Lacan – o verdadeiro sobre o verdadeiro", pelo simples fato de que a verdade só dispõe da fala e da escrita para manifestar-se. E sabemos, pelo compromisso que temos com o sentido, que ao falarmos deixamos de falar todo o resto que sustenta nosso discurso.

É deste resto a se dizer que é feito cada um dos discursos nos quais o sujeito encontra abrigo. Um nome recobre o que foi recalcado originariamente. Ele é a soma da história de uma linhagem, perdida na memória de uma progenitura – o nome de família –, acrescida da razão pela qual um pai, uma mãe escolheram um certo nome para dar a um filho. Também para os pais seu desejo é enigmático.

---

[14] Descartes, René. "Discurso do método", *in Os pensadores*, Nova Cultura: São Paulo, 1991, pp. 46 e 47.

O enigma do nome é o enigma do desejo, na origem de todo discurso. Ele é a letra cifrada de um real nomeado simbolicamente para marcar o acontecimento que vem mostrar, pela sua repetição, que o encontro com a verdade sobre o sexual é sempre um encontro falhado. O que Lacan nos diz sobre a repetição mostra bem que ele denota o traço idêntico ao traço unário que, ao surgir, tem valor de gozo. É por isso que a repetição está no centro da exploração do inconsciente. E o que ela é? Ela não é o que termina e recomeça, mas o que retorna sempre ao mesmo lugar da hiância.

Toda relação de um sujeito ao Outro se estrutura sob esse modo de fazer comparecer no Outro sua própria hiância. É sob o modo de seu desaparecimento que o sujeito faz-se representar de um significante a um outro significante petrificado, ao mesmo tempo que é assim que se apresenta à fala. Ele se funda sob o véu alienante onde, se de um lado há afânise, por outro surge como sentido, efeito do significante.

A chave da relação do sujeito com a verdade que é a sua causa está na função do significante[15] unário que, ao ser endereçado aos meios de gozo representados pelo significante binário, faz com que o sujeito encontre aí a castração. O significante binário é o representante da representação que falta. Ele é também o lugar onde o sujeito não só encontra-se afanisado, desaparecido sob o peso do sentido que aí comparece como discurso, mas de onde o sujeito deve separar-se pela via de retorno do próprio véu que determinou sua alienação.

É precisamente neste ponto que é preciso retomar a problemática da destruição da experiência, uma vez que é sobre o significante do saber no lugar antes ocupado pelo significante mestre que se apresenta a perspectiva contemporânea de um apoio para o discurso da ciência.

---

[15] Lacan, J. *O Seminário, Livro 17, O avesso da psicanálise*, Rio de Janeiro: Zahar, 1992.

Lacan se deu conta disso quando proferiu seu seminário *O avesso da psicanálise.* Sua preocupação era pensar os destinos do gozo onde não havia como deter o mandamento de que "é preciso continuar a saber". Este parece ser o traço de nossa contemporaneidade, bem centrada na tentativa de velar a verdade da ciência e o fato de que ela também é furada.

O campo do Outro, lugar de produção de saber, é equivocante, na medida em que o testemunho que aí se apresenta como garantia da Verdade está na estrita dependência da fala. Desse modo, a realidade pretendida no acontecimento produzido pela ciência é dependente da estrutura de ficção veiculada na falta e não da "realidade concernida pela Verdade".

Ora, a precariedade inaugural do homem coloca-o na dependência de um Outro, que é universo de linguagem e que, portanto, não toma as suas necessidades senão no campo de sua demanda mais inconfessa e no viés de seu desejo. Diz-nos Lacan:

> O que a Psicanálise nos demonstra no tocante ao desejo, em sua função que podemos chamar de a mais natural, já que é dela que depende a manutenção da espécie, não é apenas que ele está submetido, em sua instância, sua apropriação, em suma, em sua normalidade, aos acidentes da história do sujeito (idéia do trauma como contingência), mas também que tudo isso exige o concurso de elementos estruturais que, para intervir, prescindem perfeitamente desses acidentes e cuja incidência desarmônica, inesperada, difícil de reduzir, realmente parece deixar na experiência um resíduo que conseguiu arrancar de Freud a declaração de que a sexualidade devia trazer a marca de alguma fissura pouco natural[16].

Isso subverte inteiramente a idéia de que é na Natureza que o sujeito encontrará a resposta para as suas questões referentes à se-

---

[16] Lacan, J. "Subversão do sujeito e dialética do desejo no inconsciente freudiano", *in Escritos*, Rio de Janeiro: Zahar, 1998, pp. 826-827.

xualidade. Nada é natural quando se trata de falantes. Por isso, não se pode pensar em "evolução natural" ou progresso da ciência sem levarmos em conta o fato de que o campo do Outro está submetido, ele também, à Lei do desejo.

Em nome-do-pai, uma nova era...

A lei é dada pelo pai. Bem entendido, o pai morto. Trata-se da função simbólica que sustenta o sujeito como falante. A função do pai é proibir o incesto, mas também o assassinato e o canibalismo. É sobre este tripé da proibição que se organiza o processo civilizatório, nos moldes em que o conhecemos. É sobre ele que se apóia o sentido da tragédia que está em jogo no desejo, pelo menos foi assim que Freud pensou o Édipo, como complexo necessário de acesso à Lei do Pai.

Numa sociedade na qual o sentido da tragédia do desejo – presente na estruturação de todo sujeito e originada no Édipo – está opacificada, que tipo de referência ao Pai pode ainda ser sustentada?

Não seria o caso de pensarmos que a figura do Pai vem sendo substituída, e mal, pelo Estado, este mantendo uma rigidez de ordem como o artefato necessário? Cito um trecho do livro de Zigmunt Bauman, intitulado *Modernidade líquida*, onde ele fala de "categorias zumbi". Isto é, grupos de mortos vivos, dos quais a família é um exemplo fundamental e que, tendo funcionado durante séculos como núcleo mínimo de organização social agrupado em torno de um Nome e da história desse Nome, parece não ter mais um lugar definido e consistente. Diz ele:

> pergunte-se o que é uma família hoje em dia? O que significa? É claro que há crianças, meus filhos, nossos filhos. Mas, mesmo a paternidade e a maternidade, o núcleo da vida familiar, estão começando a se desintegrar no divórcio... Avós e avôs são incluídos e excluídos sem meios de participar das decisões de seus filhos e filhas. Do ponto de vista de seus netos, o significado dos

avós e dos avôs tem que ser determinado por decisões e escolhas individuais[17].

A possibilidade de transmitir às gerações seguintes o saber que confere a cada um dos membros de uma família, seu lugar simbólico na mesma vem sendo obturado pela prótese de um saber "prêt-à-porter", que propõe o consumo imediato e de modo padronizado do que antes era alcançado na experiência de cada um. Assim sendo, nossa modernidade parece não deixar lugar para o surgimento de um desejo diferenciado em cada sujeito. Ao que parece, ela pretende colocar no lugar do saber assentado sobre os significantes mestres que sustentam a tessitura de cada Nome, um poder arbitrário e globalizante, no qual não são mais os limites impostos pela transferência e pela identificação a um Nome o que permite a cada sujeito reconhecer-se em uma linhagem e na lógica de sua história. A rígida imposição de uma liberdade, pela qual cada um "faz a lei", cria padrões múltiplos e controversos de conduta na qual não é mais a singularidade que interessa, mas o poder de formar e reformar tendências a partir do anonimato.

Um século depois da sociedade do início do século XX, a que se anuncia não é menos moderna. O século XXI não parece ser capaz de amenizar a irrefreável necessidade de "modernizar" tudo e sempre, numa febre compulsiva de *destruição criativa.*

O anonimato característico dessa época de virtualidade generalizada está na base do desengajamento e do processo de migração que caracterizam as novas propostas de liberdade. Essa necessidade de movimentar-se freneticamente vem contrastar com o modo de organização social que vigorou até a primeira metade do século XX, na qual a família, sobretudo o Pai, figurava como referência e também como limitador.

---

[17] Bauman, Z. *Modernidade líquida*, Rio de Janeiro: Zahar, 2001, p. 13.

Para entendermos o que está em jogo nesse movimento migratório que impõe um desenraizamento dos indivíduos, e uma necessidade de consumir rapidamente tudo o que de novo surge, basta olhar os adolescentes e jovens.

Em qualquer cultura, as gerações mais recentes apresentam as mesmas marcas que singularizam esse momento da vida: descompromisso com as gerações antecedentes, porque nelas não encontram mais o suporte fálico que lhes garanta uma imagem satisfatória; irreverência, porque se revoltam contra os valores simbólicos e imaginários aos quais se submeteram durante toda a infância, para encontrar, eles mesmos, uma resposta ao real que experimentam no corpo e tentar articular este real pulsional com a fantasia estabelecida na infância; movimento e tendência ao grupo, uma vez que é com os companheiros da mesma idade que vão buscar novos pontos de identificação na tentativa de substituir o vazio deixado pelo questionamento das identificações sustentadas nos laços familiares, etc.

A juventude que desponta no século XXI apresenta um traço a mais: a tentativa de esquecimento de sua própria história, sem referendar-se nos significantes mestres que a articulam. O que isso quer dizer?

Ora, se a experiência não surge do acúmulo do conhecimento, se ela é fruto do exercício de discurso, então é importante pensarmos que, se os jovens de hoje assistem a uma transformação na cultura, pela qual os discursos veiculados, na palavra e na fala, perdem terreno para a comunicação visual, isso modifica profundamente a relação ao saber atribuído à seriação familiar. Há como que um deslocamento do privado e singular para o público e anônimo; não é mais o simbólico que prevalece, mas o imaginário (no qual há a ilusão de se poder viver fora da castração sustentada pela presença do significante), garantido pela efemeridade das imagens de consumo infinitizadas, sem permitir pontos de fixação nos quais o sujeito possa questionar-se de sua posição.

Está acontecendo uma redefinição do espaço privado: ele passa a ser "o palco de encenações de dramas privados, publicamente expostos e publicamente assistidos. A definição corrente de *interesse público*, promovida pela mídia e amplamente aceita por quase todos os setores da sociedade, é o dever de encenar tais dramas em público e o direito do público de assistir à encenação"[18].

Aos olhos de uma juventude exposta ao consumo das imagens do privado no público, o mundo é um grande mercado no qual a vida é mais um produto a ser consumido no grande depósito de mercadorias, no qual as leis de oferta determinam a procura por bens que proporcionam um prazer, rapidamente extinguível. Não basta comprar o básico, é fundamental possuir o que está na moda, isto é, o que a mídia eleva à condição de objeto desejável.

Há um declínio na valorização do que antes era reconhecido como um bem na tradição familiar. Se esse bem não goza de prestígio junto à "sociedade anônima de consumo", então é descartável.

Os jovens, embora atualmente mais desenvoltos e livres na relação com o seu desejo, não têm o reconhecimento dos pais para efetivar o desejo como algo particular a cada um e que lhes franqueasse, assim, a entrada na comunidade adulta.

Nesse sentido, o simbólico parece insuficiente para responder a esse momento da vida do sujeito, e o resultado é uma exacerbação das expectativas imaginárias, dificultando o abandono da dependência familiar, tanto material quanto psíquica. Cada um mostra-se engajado na vida sexual, é capaz de fazer escolhas independentes das expectativas parentais, no que diz respeito à opção amorosa e profissional, mas vê o futuro como incerto e por isso, retarda a saída da casa dos pais.

O tempo de elaboração necessário à constituição psíquica parece não mais depender, prioritária e primariamente, da relação do sujeito ao Outro. É o que vemos na busca de objetos a consumir, os quais tendem a funcionar como objetos tampão da falta no Ou-

---

[18] Bauman, Z., *op. cit.*, p. 83.

tro. A sociedade de consumo, na qual brilha o comprar compulsivo, mostra o quanto os fantasmas noturnos são exorcizados durante o dia através do sintoma do comprar, na frenética avidez por cada vez mais coisas a obter sem pensar: "O capitalismo, simplesmente, é uma via irracional para dirigir o mundo moderno, porque ele substitui a satisfação controlada das necessidades humanas pelos caprichos do mercado"[19].

O consumo desenfreado viria então, substituir o questionamento sobre as demandas que veiculam um caminho para o desejo. Nesse sentido, podemos dizer de uma sociedade pautada pelo consumo desenfreado que ela veio ocupar o lugar do surgimento de demandas verdadeiras, articuladas em significantes que recolocam a relação de cada sujeito com sua própria perda.

O homem moderno parece buscar no que consome uma via de identificação perene, tentando, assim, estancar a fluidez das imagens, buscando a forma onde só há deformação.

Na contemporaneidade em que vivemos, cada indivíduo é parte de uma engrenagem, que deve gerar um produto a ser consumido rapidamente, o que promove uma uniformização e alienação generalizada de procedimentos, que acabam por acenar com um porvir sem a perspectiva de grandes aventuras e conquistas. Um produto a ser consumido rapidamente... Isso remete à idéia da latusa (*ventouse* e *lathouse*, em francês) citada por Lacan no Seminário XVII[20]. Ele aí nos diz que os objetos encontráveis nas ruas, por trás de cada vitrine, feitos para causar nossos desejos, são verdadeiras latusas, objetos diante dos quais – ou na falta deles – pode haver angústia. Trata-se de objetos ofertados aos ideais jamais alcançáveis.

Quando podemos lidar melhor com uma latusa, podemos nos angustiar menos, por aceitá-la fazendo parte do impossível, do

---

19 Giddens, A. *As conseqüências da modernidade*, São Paulo: UNESP, 1991, p. 140.
20 Lacan, J. *O Seminário, Livro XVII, O avesso da psicanálise*, Rio de Janeiro: Zahar, 1992, pp. 153-154.

real. Ao mesmo tempo, é a angústia que faz com que nos movimentemos em direção ao mundo, à vida e, nesta, às grandes conquistas.

De certo modo, é isso o que as gerações mais jovens denunciam com sua hesitação em relação à partida da casa dos pais. Como se percebessem nos adultos, aos quais sempre se reportam, um aprisionamento do sentido do amor, do gozar, do descansar e do trabalhar. Na verdade, nada disso tem um sentido em si, mas adquire um na medida em que uma fantasia se estrutura como marca singular para cada sujeito, e numa posição desejante frente ao não-senso da vida.

Se a vida não tem sentido próprio, se o sentido com o qual podemos vesti-la depende do universo dos objetos à disposição é porque, em realidade, nenhum deles serve, pois nenhum desses objetos é capaz de responder ao apelo da ciência de "desrealizar" o real. Apelo este bastante evidente nos avanços verificados e pelo qual "nada mais tem a ver com os pressupostos que desde sempre a idéia de conhecimento implicava [...] o espaço em que se desdobram as criações da ciência, só podemos a partir disso qualificá-lo de *insubstância,* de *acoisa*, numa só palavra"[21].

"Nosso mundo", se é que assim podemos chamá-lo, está povoado por elementos dos quais sequer nos damos conta. Só para citar, as ondas eletromagnéticas e de outros tipos entrecruzam-se sem cessar neste momento em que este texto é lido. Assim, também, antenas de todos os tipos captam estas ondas e as retransmitem para milhares de regiões longínquas.

Do mesmo modo que os grandes e pequenos *gadgets* infiltram o espaço visível e audível de nosso tempo, o espaço do desejo humano se vê também problematizado pelo modo de experimentar o real que se apresenta a partir do contato com essas descobertas e criações. O homem moderno já não toma a verdade a partir da garantia divina, isto é, este terceiro excluído que se chama *Deus.*

[21] Lacan, J., *op. cit.*, p. 151.

A verdade é, hoje, algo distinto da experiência do conhecimento. Lacan se pergunta sobre os modos pelos quais a ciência moderna se mostra completamente diferente, em sua apreensão da verdade, de qualquer teoria do conhecimento. Ele, Lacan, sabia bem que a elaboração de saber é algo intrínseco ao método científico, mesmo quando o homem insiste em recortar da experiência o que pode catalogar como dados coletados – porque o que se recolhe é sempre experiência falhada, razão pela qual é intransmissível e exige repetição da operação.

Para todo sujeito, a causa de seu desejo coloca em jogo o vacúolo, a hiância por onde escoa o gozo, na falha do encontro impossível com o objeto.

Freud coloca no centro da problemática do desejo a questão da castração. Ele o faz ressaltando o fato de que o desejo tem origem numa perda, e esta, ao ser simbolizada, coloca em cena a castração referida a um objeto que não há; um objeto que é desde sempre perdido. Do lado do objeto perdido, do lado da "Coisa", encontramos o gozo. Isso implica tomar o gozo como o que faz corte entre o sujeito e o objeto, pois a pulsão é o que possibilita a montagem da fantasia, articulando coisas distintas que são o sujeito e o objeto. O sujeito, por seu lado, desconhece o desejo que o sustenta na fantasia.

O sujeito não encontra satisfação nas imagens dos objetos que possam surgir: "A pulsão divide o sujeito e o desejo, o qual só se sustenta pela relação, que desconhece, dessa divisão com um objeto que a causa. Tal é a estrutura da fantasia"[22]. Por essa dupla inscrição grava-se o nome do sujeito, isto é, inscreve-se a verdade de um nome, no nome de nome inominável que, no encontro com o saber vindo do ato desta nominação, cristaliza a amarração que dá lugar para o sujeito. Estranho lugar, já que nele se é apenas um pensamento articulado à fala.

---

[22] Lacan, J., *op. cit.*, p. 867.

Lacan mostra-nos, assim, a via por onde é preciso enveredar, para saber da origem do sujeito e do discurso que o sustenta. Quem é este sujeito que, em sendo o mesmo, parece modificar-se sob o efeito sempre em movimento do processo civilizador? Ele é efeito de linguagem, o qual explica o fato de não ser a causa de si mesmo. Sua causa é o significante que o representa, na linguagem, sempre para um outro significante. Assim, quando falamos, implicamos no ato da fala pelo menos três elementos fundamentais: um eu (quem fala), um tu (a quem se dirige a minha fala) e um ele (que está implícito na relação eu-tu, lugar onde se articula um discurso). O "eu, o "tu" e o ele, articulados, constituem uma posição de sujeito no discurso.

O sujeito não é uma pessoa, mas o que desliza no movimento da fala, sem se deixar aprisionar no sentido que esta visa. Esse elemento discreto, perpassando a fala, permite que cada um possa encontrar seu gozo, apropriando-se, paradoxalmente, de um "eu" no qual se reconhece e, por identificação, reconhece o semelhante que o escuta e lhe fala também como "eu".

"Eu" falo e "tu" me escutas, mas é "ele" que, inaudito, indizível, invisível, faz-se presente nas falhas do discurso como não-senso, como desordem instalada no centro da busca do sentido, limitando o gozo próprio e o do suposto parceiro. O "ele" é o lugar do inconsciente, do terceiro excluído na fala, que funciona como pano de fundo para o discurso aparente. Dany Dufour desenvolve estas questões em sua obra *Os mistérios da trindade*[23].

O inconsciente é o lugar de onde alguém pode autorizar-se a inscrever o corpo próprio na trama da fala, inaugurando a loucura do "eu" ao qual se vê identificado e para sempre vinculado. Aqueles que não entram na fala... de onde é tomada essa decisão? Neles não se constitui o "eu" capaz de sustentar o "tu" que faz apelo. Não há transmissão do "eu" ao "tu", porque o "eu" fracassou em sustentar

---

[23] Dufour, D.-R. *Os mistétrios da trindade*, Rio de Janeiro: Companhia de Freud, 2000.

o gozo ligado à oscilação fundante que rege a alienação do Um ao Outro e, assim sendo, não há lugar para apelo, pois qualquer apelo nasce da "suposição de um lugar" onde este possa ser ouvido.

O que chamamos de gozo pode animar nosso corpo de várias maneiras, mas é certo que todos os modos pensáveis estão na dependência da linguagem. Na verdade, dizer que "o inconsciente é estruturado como uma linguagem" é já gozar do lugar vazio onde "eu" faz falta. "Eu" é outro quando me apresso em alcançá-lo, está sempre alhures. O gozo é solitário, só "eu" posso experimentá-lo. Mas, no momento em que o faço, justamente, não sou mais "eu", posto que aí desvaneço em total ausência de mim mesmo e, nesse momento, é a realidade da espécie humana que vem cobrar-me o tributo de minha finitude, minha condição de ser mortal. "De súbito, elevo-me a dez mil pés acima da condição individual, apreendo a espécie como sucessão de indivíduos submetidos à morte. Ali se experimenta a verdade miserável, dolorosa, grandiosa, ridícula, risível do indivíduo da espécie. Fazendo a experiência da ausência, compreendo que a espécie irá exigir, já exige que um dia 'eu' morra como indivíduo"[24].

A experiência do gozo é a experiência de uma pequena morte onde "eu" desapareço. Lembro-me, assim, de que "A morte" me é interditada até que eu aceite o que, na pequena morte, se anuncia como verdade: que "d'A morte", assim como "d'Ele", só posso falar porque não recusei ser *mais-um* na espécie, isto é, não recusei meu próprio desaparecimento enquanto "eu". O que quer dizer que aceitei minha condição ordinária de sujeito falante, reconhecendo-me em meu semelhante, ao mesmo tempo que o percebo como estranho.

Essa dupla vertente – de reconhecimento e desconhecimento – permite que eu me acerque do gozo deste "próximo" que a imagem refletida me oferece.

Ao longo dos séculos, o homem foi tomando conhecimento de sua posição, não só na espécie, mas, e sobretudo, no meio social

[24] Dufour, D.-R., *op. cit.*, p. 95.

em que vive. A moral e a ética surgem a partir do momento em que o homem, renunciando à satisfação imediata, aceita a circunscrição dos efeitos da Pulsão de Morte em seu gozo ilimitado. O significante inscrito no real da experiência cria a experiência do discurso.

Assim, é pelo custo da dor de estar submetido à palavra que o homem constitui a memória de sua pouca e incerta existência de falante. Isto é lei entre os sujeitos que não podem desconhecer, a partir de então, que "a memória importa não tanto pelos conhecimentos que traz, mas pela ação que ela governa. Foi preciso torturar para produzi-la – e Pierre Clastres retomou esta idéia num artigo, descrevendo os ritos de iniciação dos rapazes índios como sendo lições de memória futura, inscrição no corpo e na mente da lei da igualdade"[25].

O que poderia significar a substituição sistemática de tudo o que teria valor de rito de iniciação por práticas sempre modificáveis, numa sociedade que parece enfrentar dificuldades em referir-se à lei do significante? Seria essa dificuldade a causa do surgimento de novas formas sacrificiais, que aparecem como sinal de enfraquecimento do pai como imagem representante da Lei?

Estas perguntas só serão respondidas ao analisarmos as razões pelas quais o processo civilizador vem modificando o conceito de Civilização, na esteira de diferentes formas de apresentação do sujeito em seu discurso.

Desde os primórdios da "Kultur" até hoje não passa despercebido que o homem lida mal com a morte, a qual se anuncia na mais ínfima experiência de perda. Excluída do discurso corrente, a morte vai cada vez mais sendo sofisticadamente velada. Hoje, o que faz o homem para reconhecer-se civilizado? Ele brinca de Deus e cobiça a eternidade, esmerando-se em pesquisas científicas e tecnológicas de reprodução *in vitro*, clonagens e retardamento do envelhecimento. Já

---

[25] Elias, N. *O processo civilizador*, Rio de Janeiro: Zahar, 1994, vol. I, p. 10.

não é digno ou mesmo aceitável que se tornem visíveis as marcas da passagem do tempo, da deterioração física e do perecimento. É preciso fazer bem a ficção da abolição da morte! Este terceiro invisível que se interpõe entre o eu e o mundo, no sonho da felicidade eterna...

> Desde faz muito tempo tinha-se forjado um ideal de onipotência e onisciência que o homem encarnou em seus deuses, atribuindo-lhes tudo que o parecia inacessível a seus desejos ou lhe estava vedado, de modo que podemos considerar estes deuses como ideais da cultura. Agora que se encontra muito próximo de alcançar este ideal, o homem quase chegou a converter-se, ele mesmo, em um deus, ainda que na medida em que o comum juízo humano estima factível um ideal: nunca por completo; em algumas coisas em nada; em outras, só pela metade. O homem chegou a ser, por assim dizer, um deus com próteses: bastante magnífico quando se colocam todos os seus artefatos, porém estes não crescem de seu corpo [...]. Tempos futuros trarão novos e talvez inconcebíveis progressos neste terreno da cultura, exaltando ainda mais a deificação do homem. Porém não esqueçamos, no interesse de nosso estudo, que tampouco o homem de hoje se sente feliz em sua semelhança com Deus"[26].

Estas palavras de Freud, encontradas em seu primoroso texto "O mal-estar na cultura" (1930), que pode ser considerado como uma continuação de duas outras importantes obras por ele escritas, isto é, "Totem e tabu" (1912) e "O futuro de uma ilusão" (1927), além de abordarem questões referentes à religião e à moral, tentam sustentar a relação direta entre o intricado trabalho da cultura e o submetimento das pulsões mais primitivas, ainda que parcialmente, à rede de significantes que compõem o campo do saber. É às custas da sublimação das pulsões que atividades psíquicas como a produção

---

[26] Freud, S. "O mal-estar na cultura", *in Obras completas*, Madrid: Biblioteca Nueva, 1968, p. 22.

científica, artística, etc puderam se desenvolver no lugar onde antes imperava a urgência de vida e a força bruta.

Em "Totem e tabu", Freud esforçou-se por mostrar que a vida em sociedade, apesar da circunscrição do gozo para cada um de seus membros, não conseguiu eliminar a busca de satisfação substitutiva para esta limitação. Sob a forma de uma agressividade imposta àqueles que não fazem parte do mesmo grupo, os homens mantêm um resto do imediatismo buscado na Pulsão de Morte. A função das satisfações substitutivas é, pois, a de recompensar cada um de nós pelo sacrifício frustrante da renúncia ao gozo de satisfação sexual direta.

São os pais e também os demais "agentes primários de condicionamento", tais como educadores, babás, etc, que funcionam como instrumentos de pressão sobre os mais jovens para que estes se submetam aos padrões sociais como um todo e, de forma bastante especial, para que a presença da sexualidade seja modelada pelo discurso.

> Uma vez que no curso do processo civilizador o impulso sexual, como tantos outros, está sujeito ao controle e à transformação, cada vez mais rigorosos, muda o problema que se coloca. A pressão aplicada sobre adultos, para privatizar todos os seus impulsos (em especial, os sexuais), a "conspiração do silêncio, as restrições socialmente geradas à fala, o caráter emocionalmente carregado da maioria das palavras relativas a ardores sexuais – tudo isso constrói uma grossa parede de sigilo em volta do adolescente, o que torna o esclarecimento sexual tão difícil – a derrubada desse muro, que um dia será necessária – não é só a necessidade de fazer o adolescente conformar-se ao mesmo padrão de controle de instintos e de domínio como o adulto. É, acima de tudo, a estrutura da personalidade dos próprios adultos que torna difícil falar sobre essas coisas secretas. Com grande freqüência, os adultos não encontram o tom nem as palavras[27].

[27] Elias, N., *op. cit.*, p. 181.

As palavras de Norbert Elias, em seu livro *O processo civilizador*, escrito em 1939, certamente estão defasadas em relação a nossa contemporaneidade. No entanto, este estudo por ele apresentado a respeito do processo de circunscrição dos efeitos da pulsão pelo discurso social mostra, com clareza, sua pregnância na estruturação da criança no seio da família. Senão vejamos um pouco de como se deu o trabalho de elaboração sobre o pudor e a sexualidade.

Até o século XVI, pouco se sabia de recato. Em 1500, por exemplo, as crianças não eram excluídas da platéia onde as mulheres vendiam seus favores e todos faziam discursos públicos sobre assuntos de alcova. Em suma, a situação social das prostitutas e dos casais era inteiramente pública, bem como as relações extraconjugais, que também não haviam sido, ainda, removidas para o "fundo da cena". Até fins da Idade Média, os padrinhos acompanhavam, à câmara nupcial, seus afilhados e, diante deles, os cônjuges tinham que tirar a roupa e deitar-se para consumar o laço nupcial.

Na sociedade aristocrática da corte, a vida sexual certamente não era tão expositiva quanto na Idade Média. "Não obstante, medidos pelo padrão de controle dos impulsos na própria sociedade burguesa, o ocultamento e a segregação da sexualidade na vida social, tanto quanto na consciência, foram relativamente sem importância nessa fase"[28].

A associação pregnante entre sexualidade e vergonha comparece tardiamente, quando a distância entre os adultos e as crianças se alarga a ponto de as questões referentes à sexualidade se tornarem um tabu nas conversas familiares só no século XIX. A "conspiração do silêncio" que comparece no discurso social dessa época, infringe, durante um espaço de tempo relativamente curto, níveis avançados de vergonha e nojo que permanecerão na vida adulta e que foram lentamente tecidos durantes séculos de um trabalho de submetimento das pulsões.

---

[28] Elias, N., *op. cit*, p. 178.

Hoje é o Estado que vem se ocupando da tarefa e da função, antes reservada ao Pai. O declínio da imagem paterna tem como conseqüência imediata uma relativização do gozo, antes obtido na dívida gerada pela submissão à Lei do Pai. Este declínio determina a perda do atributo divino oriundo da Lei, e o sujeito tem, ele mesmo, que "se virar". Se a neurose é a dívida paga ao Outro por se ter acesso ao gozo da fala, o que referenda nosso gozo? Que destino ele terá?

Dany Dufour, numa conferência realizada na Escola Lacaniana de Psicanálise, no Rio de Janeiro, em finais de 2001, intitulada *Uma razão no real*, lembrou-nos que na pós-modernidade vamos do discurso histérico à histerologia (na qual é a figura retórica que toma a cena, repousando a ação sobre uma anterioridade fictícia). A histerologia, que remete, no discurso, a uma circunstância que deveria estar depois, mas que está antes, postula qualquer coisa que ainda não existe por engajar uma ação. Dany Dufour nos diz que isso obrigaria o sujeito pós-moderno a fundar-se a si mesmo, sem o Nome-do-Pai.

Se é com a classe burguesa chegando ao domínio das trocas sociais que a família vem a ser a instituição que controla o livre curso das pulsões através da função da Lei do Pai, é com o recrudescimento de forças do Estado como legislador que corremos o risco de retornar ao período no qual as fronteiras entre o privado e o público eram tênues.

Erasmo de Rotterdam escreveu em 1530 um tratado chamado *De civilitate morum puerilium* (*Da civilidade em crianças*). Foram, no conjunto, mais de 130 edições traduzidas em diversas línguas, até os dias de hoje. Trata-se de um livro que tem a função de apresentar, aproveitando o termo latino *civilitas*, o comportamento das pessoas numa sociedade. Naquela época, não causava mal-estar ouvir falar abertamente, ou mesmo escrever, sobre as funções corporais, a vida sexual, etc, que, então, tinham caráter público. A questão é saber por que e como a sociedade moveu-se para um padrão distinto de civilização.

Os termos "civilizado" e "incivil" não devem ser abordados como adjetivos determinantes do que se considera "bem" e "mal", mas como respostas distintas à submissão, ao longo dos séculos, da pulsão à rede de significantes que compõem os lugares dos discursos na vida em sociedade.

Há constrangimento na leitura do texto de Erasmo. Esse mal-estar pode ser um traço identificatório ao que ali está descrito, já que nossa contemporaneidade vem apresentando sinais claros de mudanças em nossos valores simbólicos. Isto não significa que outros valores simbólicos não possam assumir a boca da cena, desde que seja preservado o lugar da função paterna como lei garantidora do desejo.

Conclui-se, portanto, que é a manutenção da função paterna como elemento terceiro que medeia a possibilidade de simbolização entre dois sujeitos e que os faz prescindir do imediatismo da ação de escamoteamento da pulsão, para servirem-se do ato da palavra. Com a palavra, a morte pode ser re-presentada na vida. *Eu* me dirijo a *Tu* colocando *Ele*, ausente, em presença re-presentada na palavra articulada na fala.

Este terceiro é a presentificação da morte na vida, em cujo cenário eu e tu encenamos a fundação do laço social, sob o modo do sacrifício. A questão do sacrifício é de extrema importância, na medida em que é por meio dele, mesmo sob a forma de um simulacro oferecido ritualisticamente, que se apresenta a experiência de perda. Isto é:

> O simulacro organizador, transmitido pelo relato de referência de uma sociedade qualquer, é geralmente dado como uma espécie de *cena primitiva*, indefinidamente modulada ou revista. Dois traços caracterizam esta cena: a) é uma cena de horror, a ausência e a morte são seu objeto; b) a cena designa aqueles que suportam e assumem a morte – nessa medida, esta cena figura a Lei, dela dando uma representação acessível a todos os membros da comunidade. Foi sempre

> da ausência, da ausência instalada num sacrifício, que os homens obtiveram a suposição de sua presença[29].

O horror das guerras, das atrocidades consentidas como fazendo parte do processo civilizador, coloca a Lei sob a forma de um dito que faz com que, por ser dito, o horror se purifique e se transforme em *sagrado*. O horror puro, lembra-nos Dany Dufour, "seria nenhum relato. Nada. A ausência ausente"[30]. Mas, caso se tratasse de enunciá-lo, teriam, ainda, recurso ao relato.

Para onde caminhamos?

A liberdade do homem inscreve-se inteira no triângulo constitutivo da renúncia que ele impõe ao desejo do outro, pela ameaça da morte para o gozo dos frutos de sua servidão – sacrifício consentido de sua vida pelas razões que dão à vida humana sua dimensão – e pela renúncia suicida do vencido que frustra da vitória o mestre/senhor que ele deixa entregue a sua desumana solidão[31].

> Assim, é de sua solidão tecida na trama do discurso que o acolhe que o sujeito pode extrair a Lei que sustenta o dom da fala. Esta lhe é imperativa, pois é com ela que o homem experimenta a realidade que lhe convém como falante: realidade de fantasia desdobrada na imagem, através da fala, o que de fato escamoteia a verdade do ser-para-a-morte.

Ora, é justamente a realidade mortal que condiciona os artifícios do narcisismo, levando o filho do homem a lançar-se na aventura da vida como subjetiva, fazendo-o esquecer-se de sua experiên-

---

[29] Dufour, D.-R., *op. cit.*, pp. 156-157.
[30] Dufour, D.-R., *op. cit.*, p. 157.
[31] Lacan, J. *Escritos*, Rio de Janeiro: Zahar, 1998, p. 321.

cia real de organismo vivo, para nascer como corpo animado de fala. Através desse dom irá partilhar, com outros, a riqueza dos discursos que fiam sua história, o que permite a cada sujeito ser reconhecido e inscrito na ordem simbólica.

Em sua dimensão temporal, o nascimento do sujeito inaugura uma tensão relacional com a Lei, fazendo-o produto de uma cultura marcada pela culpabilidade, razão de seu mal-estar. No princípio dessa culpabilidade está o não-reconhecimento de que a Lei surge da proximidade entre desejo e morte, pois é da morte do ser que nasce o sujeito referido ao binômio Lei/Desejo. É daí que devemos partir para entender a função do desejo como o que, para além da manutenção da espécie, refere-se à sexualidade marcada pela fissura do significante.

Considerar a fissura do significante implica a morte como ser de organismo e sustenta a hipótese do sujeito pelo jogo de remetimento entre significantes. A verdade que se sustenta aí como saber inconsciente é a causa do desejo e chama-se castração. A castração não é um termo que se possa absorver facilmente, posto que se trata de uma experiência vivida subjetivamente e sob o modo de relação do homem com o significante.

É nesta experiência que se apresenta a possibilidade de uma humanidade, que justifica o substantivo "homem" sublinhado, antecipadamente, para lembrá-los de que foi este o mote que levou Freud a interessar-se não pelas doenças, mas pelos doentes. Estes, com seus sintomas, fustigaram a curiosidade do homem de ciência ao mesmo tempo que o arrancaram do campo do saber médico, fundando, assim, sua interrogação sobre uma "outra-cena", onde se inscrevia a razão dos sintomas de suas pacientes histéricas: o campo do inconsciente.

> Se o inconsciente pode ser objeto de uma leitura com que se esclareceram tantos temas míticos, poéticos, religiosos e ideológicos, não é porque introduza em sua gênese o elo intermediário de uma espécie de

significatividade da natureza no homem, ou de uma *signatura rerum* mais universal, que estivesse no princípio de seu possível ressurgimento em qualquer indivíduo. O sintoma psicanalisável, seja ele normal ou patológico, distingue-se não apenas do índice diagnóstico, mas de qualquer forma apreensível de pura expressividade, por se sustentar numa estrutura que é idêntica à estrutura da linguagem.

Com isso, não nos referimos a uma estrutura a ser situada numa pretensa semiologia generalizada a ser arrancada de seu limbo, mas à estrutura da linguagem tal como se manifesta nas línguas que chamarei positivas, as que são efetivamente faladas por massas humanas[32].

Aprendemos, com esta citação de Lacan, que o gozo fálico oferecido pela fala se determina pela cifragem linguageira do gozo corporal, que se efetua no inconsciente. É, pois, o sintoma da fala que nos conduz da desordem de um mundo, primeiro experimentado como corpo despedaçado, à ordem simbólica constituída pela linguagem, apreendida nos farrapos de discursos com que chegamos à ilusão de diminuirmos a miséria de nossa solidão.

Cada um de nós torna-se o alfabeto vivo de um jogo de cartas marcadas, cuja seqüência leva-nos ao testemunho de que o desejo que a orienta está fora do baralho e é isso que o torna indestrutível, para além de nosso perecimento.

Texto sobredeterminado encerrando a letra marcada de nosso destino de falantes, a irredutibilidade dos significantes coloca, no início do jogo, um tropeço para que a prudência reflexiva de cada um permita-lhe extrair, no tempo de sua elaboração, a significação exata que faz de cada jogada um risco necessário ao relançamento da aposta, para que o gozo assim extraído da cena suporte a significação mais pesada de nosso destino: a morte.

---

[32] Lacan, J. *op. cit.*, p. 445.

No fim de uma conversa, a morte faz-se presente pelo silêncio que então se instala. Também no gozo obtido no ato sexual é a presença da morte que o interrompe, causando um certo grau de angústia: "Do outro imaginário a morte vem assumir o semblante, a simulação, e à morte se reduz o Outro real. Figura-limite a responder à pergunta sobre a existência"[33].

A existência é sempre garantida pela fantasia que cobre de véus o horror da morte, mas que a comemora no ato do sacrifício, para que reine o discurso. Nossa época, marcada pela impossibilidade de se Ter e de se transmitir às gerações seguintes os frutos de uma elaboração discursiva consistente sobre a existência, pretende a abolição da morte, tentando romper o pacto estabelecido com o terceiro que a função paterna instaurou desde os primórdios da humanidade e no qual encontramos a chave dessas duas grandes provas da cultura que são *a fala e a escrita.*

Tem sido a Lógica ternária o pilar do pai como garantidor da transmissão da Lei, no curso das gerações. Se o pai não for mais a referência simbólica a ser privilegiada no acontecimento que marca o nascimento do sujeito, quem ou o que sustentará a fala? Qual o paradigma que se delineia em nossa era, para cumprir a função de referência? Se alguns filósofos e mesmo psicanalistas vêm anunciando a queda da *imago* paterna a partir dos acontecimentos surpreendentes que não cessam de despontar, não parece ser demais dizer que, certamente, a função paterna estará se exercendo a partir de outro lugar, pois ninguém é incauto para pensar que não haverá mais cultura.

A questão a se colocar diz respeito aos destinos do gozo e ao lugar do desejo, numa cultura que parece ter decretado uma relativização das referências simbólicas que estruturam o Édipo, como lugar de assujeitamento à lei do significante e do desejo.

---

[33] Lacan, J., *op. cit.*, p. 454.

Os ventos de nossa modernidade não anunciam uma catástrofe indomável, mas um profundo questionamento a propósito dos valores simbólicos que estruturam ao longo do séculos nosso olhar para a cena do mundo.

> Pois as uvas verdes da fala através da qual o filho recebeu cedo demais de um pai a autenticação do nada da existência, bem como as vinhas da ira que corresponderam às palavras de falsa esperança com que sua mãe o enganou, amamentando-o no leito de seu verdadeiro desespero, prejudicam-lhe ainda mais os dentes do que o Ter sido desmamado de um gozo imaginário, ou mesmo o ter sido privado de tais cuidados reais[34].

---

[34] Lacan, J., *op. cit.*, p. 452.

II – Vicissitudes da função paterna na contemporaneidade

II.1 – A função paterna e a ordem social

A criança e a Lei do Desejo

Foi na Constituição de 1988 que a filiação passou a ter reconhecimento jurídico a partir da determinação voluntária dos genitores, ou de decisão judicial em ação própria. Verificava-se até então a preocupação das leis em privilegiar o casamento como referência para a organização social, protegendo-o contra a ameaça das relações simplesmente afetivas, consideradas causa de mal-estar, como tal, perturbadoras da estabilidade do casamento. Tais medidas visavam proteger o patrimônio, pensamento herdado das bases fundadoras do contrato matrimonial, dos perigos advindos das paixões humanas, para fazer face à estabilidade econômica social. Era como abolir o sexual do casamento, restringindo-o, regulamentando e padronizando. A religião considerava os filhos do próprio sangue uma obra divina, mas desde que abençoados pelo sacramento do matrimônio, enquanto os filhos adotivos eram invenção dos homens, portanto não teriam direito a bênçãos, eram condenados à marginalidade familiar e social.

O casal que não procriava tinha o sexo amaldiçoado, era depreciado, recaindo geralmente sobre as mulheres o peso de tal desgraça. A parentalidade exercia primazia sobre a conjugalidade; herdeiros fortaleciam o patrimônio e protegiam as mulheres do abandono. No casamento, a sexualidade estava exclusivamente atrelada à genitalidade e a serviço da procriação; era, portanto, objeto da prevaricação, considerada fora da lei. O sexo oferecia perigo ao casamento, era *peri-gozo*[1].

Às crianças só lhes eram reservadas obrigações, deveriam tornar-se adultos, o infantil era objeto de condenação, era domesticado, dominado a qualquer custo, face a sua proximidade com a perversão. O infantil, como o sexual, era perigoso.

A partir de 1988, com a entrada em vigor da atual Constituição e do Estatuto da Criança e do Adolescente em 1990 e 1992, a doutrina da proteção integral às crianças e adolescentes lhes confere a nomeação dos direitos que visem lhes garantir um desenvolvimento global e integral. A estes direitos correspondem deveres da família, do Estado, da sociedade, etc. No que diz respeito aos deveres da família, primeira guardiã dos direitos da criança, os fatores afetivos são priorizados no lugar dos fatores consangüíneos. Isto é, a condição do casamento é substituída pelo reconhecimento do desejo[2].

Caso seja inviável, por motivo de força maior, a sustentação da condição desejante de uma família ou de um dos genitores, cabe ao Estado considerá-la ilegítima, buscando-se uma família substituta, na qual haja condições de trabalho para viabilizar-se o desejo pela filiação.

Este trabalho é do campo da subjetividade, interessando, portanto, diretamente à psicanálise.

Se hoje finalmente a conceituação de família está liberada para situar-se além do domínio do casamento, as condições da conjugalidade passam a ocupar este lugar de destaque no que diz respeito à constituição familiar, pois envolvem um desejo sexual.

---

[1] O que rodeia, cerca o gozo: expressão indicativa da interdição do gozo.

[2] O conceito de desejo, precioso para a psicanálise, envolve a condição de abrir mão da satisfação, regulando-a pelo preço a ser pago para sustentar a sua condição desejante, condição esta que envolve a sua inserção como sujeito na cultura. Resumindo rápida e superficialmente, desejo é a forma de articulação do sujeito com o objeto que o causa, ou seja, com sua própria falta, com o que no sujeito se constitui como falta.

Lacan nos ensina que é como objeto, ou seja, submetido ao desejo do outro, que um sujeito tem seu lugar no mundo. Essa condição de submetimento ao significante é da ordem da lei do Pai, que, interditando o gozo incestuoso, destina a satisfação pulsional à ordem fálica. Ou seja, protege a criança do desamparo fundamental e a insere na ordem simbólica, possibilitando que ela deseje. A passagem do sujeito à referência paterna de constituição triangular chamada Complexo de Édipo[3] inaugura o funcionamento simbólico, quebrando a relação especular de rivalidade com o outro materno, relação paralisante e mortal. Só desta forma a Lei Paterna pode ser internalizada, dando lugar para o amor ao pai, amor ao significante.

Só a inserção simbólica é capaz de garantir à criança um determinado lugar na família, tornando-a produto de duas linhagens. Sua legitimidade lhe dá proteção para além dos pais.

Nos casos em que a família não consegue, por ela própria, fornecer esta referência, o fracasso inevitável da intervenção do Estado denuncia uma impossibilidade, abrindo espaço a uma intervenção psicanalítica.

Para que uma criança tenha direito à infância, é preciso que ela se referende no desejo de um outro que lhe garanta existência. É impossível garantir tudo, mas é fundamental reconhecer uma falta estrutural, lugar onde a criança deverá advir, dentro de princípios e valores que ela própria precisará ressignificar.

A transgressão e a culpabilidade estrutural

Lemos freqüentemente nos jornais: "Pessoas descrevem a estudante de direito, de classe media alta de S. Paulo, como uma menina que foi se perdendo dos pais, até chegar a ponto de preferir matá-los para

---

[3] Freud, S. (1918). "Da história de uma neurose infantil". *In Obras completas.* Rio de Janeiro: Imago, 1999.

ficar com o namorado e a herança"[4]. "Preso, Gustavo Pereira Napolitano chora. Drogado, matou a avó e a empregada a facadas"[5].

A partir da observação do caráter transgressor, que pontua as relações entre as gerações, somos forçados a buscar qual implicação subjetiva está na raiz dos comportamentos que revelam a tendência ao ataque e à destruição dos elementos que constituem a própria origem do sujeito. Por que, atualmente, os jovens se lançam desenfreadamente contra os pais, contra os professores, contra aqueles que os sustentam e cujos valores representam a referência simbólica, chave da inserção no mundo humano?

Freud, nos textos "Totem e tabu" e "Mal-estar na civilização", estabelece uma relação entre Lei e Desejo para explicar a presença da ambivalência na origem do desejo. Lembrando que não se proíbe a não ser o que é desejado, conclui que o recalque é condição para o desejo e lhe imprime toda sua força.

A máxima formulada por São Paulo, "é a lei que faz o pecado", é o princípio tomado por Freud para mostrar o ponto de tensão que fundamenta esta relação como própria de toda a sociedade e cujo estabelecimento só se dá a partir do seu limite, isto é, da transgressão. Da mesma forma, ele propõe o sentimento de culpabilidade primária de todo e qualquer sujeito como forma de se compreender a sua implicação na penalidade e no castigo. A forma como o sujeito se coloca diante da punição assim como as situações observadas nos fenômenos de grupo em uma dada sociedade designam a dimensão do que podemos chamar responsabilidade. Se a sociedade é afetada por um de seus membros, ela exige o restabelecimento do equilíbrio, através de uma satisfação que culmina na expiação da culpa através de processos de exclusão do mal sob a forma de bode expiatório e de um ritual que sirva de exemplo para os demais, prevenindo assim sua reincidência. Esta constante

---

[4] Revista *Época*. Rio de janeiro Editora Globo, nº 238, 9/12/2002.

[5] Idem.

tensão e exigência de satisfação revela o mal-estar de base, presente no mau encontro natureza x cultura.

Será que podemos ignorar que na função reguladora dos direitos e deveres do sujeito humano algo escapa, além da boa intenção moral de estabelecer o que é certo, o que é bom e o que não o é? Será que na freqüência cada vez maior destes acontecimentos que chocam a sociedade e abalam a ordem instituída não há uma denúncia de que a verdade do sujeito humano permanece emudecida?

O papel da culpabilidade na estreita ligação do crime com a lei está apontado por Freud na sua teoria sobre o *Complexo de Édipo*[6], colocando o parricídio e o incesto na boca de cena da lei que caiu sobre Édipo, diante da profecia de Tirésias[7]: "Tu matarás teu pai e dormirás com tua mãe". Isto deu partida a uma série de mecanismos de culpabilidade e respectiva censura, que tiveram no seu ápice o simbolismo do crime seguido do seu autoflagelo.

Lacan diz existir uma concepção sanitarista da penalogia, buscando reforçar o ideal, que coloca a confissão num lugar fundamental, acreditando que ela implicaria a aquiescência do homem com sua reintegração e responsabilidade para com a sociedade. O uso da tortura para sua obtenção só foi abandonado na prática do Direito pela promoção dos Direitos Humanos, sob a conclusão de que este homem, assim oprimido, não era digno de crédito.

A conquista dos Direitos Humanos mereceria um capítulo à parte para uma discussão polêmica, o que não pretendemos desenvolver agora. Por enquanto, o que nos interessa é mostrar que o comportamento humano está determinado por elementos inconscientes, de caráter extremamente singular, originados muito além dos modelos morais de uma cultura. Desta forma, a idéia de que um

---

[6] Freud, S. (1900). "A interpretação dos sonhos". *In Obras completas.* Rio de Janeiro: Imago, 1999.

[7] Velho cego chamado para servir de oráculo na tragédia de Édipo-Rei. Freud (1900). Sexualidade infantil. As fase do desenvolvimento infantil, *op. cit.*.

código universal de atitudes e penalidades poderia trazer garantias para a humanidade, muito pelo contrário, está revelando o acirramento das transgressões.

"Quando falta a Lei, há que se lançar mão das leis". Esta lógica revelada em ditos populares, defensores da ação saneadora do estado sobre a falência da família, vem mostrando-se incapaz de garantir os valores morais que a sociedade exige.

Seria então com a verdade que o Direito está comprometido? A verdade do crime? A verdade do criminoso? Ou é simplesmente o exercício da lei como forma de revigorá-la mediante a aplicação de cada pena, reforçando assim os alicerces da sociedade e aplacando o sentimento inconsciente de culpa? Seria esta também uma forma de atualização da culpa superegóica[8], aliviada pela satisfação de garantir o bem vencendo o mal?

A constituição do eu na psicanálise

Para Freud, a primeira experiência do eu enquanto tal é uma experiência denegatória. O termo alemão *Verneinung* designa a forma de representação do eu pelo que ele não é. Esta experiência de identificação, chamada identificação à imagem do outro, estudada por Lacan no texto o "Estágio do espelho como formador da função do eu"[9], faz com que o sujeito se pense, se declare ali onde ele não é, ali onde ele está alienado à imagem do outro. Podemos reconhecer este mecanismo, diz Lacan, como indicador do processo de identificação do eu, pela sua presença mais significativa, na sucessão dos momentos críticos para a constituição do sujeito: desmame, separações, inclusões, como na adolescência, na paternidade ou maternidade, etc.

---

[8] Ref. ao superego ("O ego e o Id" (1923), *in Obras completas*. Rio de Janeiro: Imago, 1999).

[9] Lacan, J. (1949). "Estágio do espelho como formador da função do eu", *in Os escritos*. Rio de Janeiro: Jorge Zahar, 1998.

Sua incidência é reflexo de uma reorganização pulsional que busca uma nova síntese normativa. Estas crises revelam uma agressividade desencadeada pela desordem pulsional, que se origina no desvario da pulsão sexual enquanto pulsão de morte. Esta perda imaginária do outro ideal e respectivo dano narcísico, próprios de tais situações, levam o sujeito a agir de forma a buscar a qualquer preço, justamente pelo desafio ao outro aí representado, um anteparo, uma referência, um lastro para redimensionar as frustrações pulsionais.

Quando, pela angústia dos pais, uma criança é privada de suas manifestações espontâneas, restam-lhe duas saídas: ou ela é levada à passividade, abrindo mão de seu desejo, ou se torna sistematicamente negativa, como forma de se manter, enquanto oposição. O de que ela busca escapar é da conjugação de seu desejo como desejo do Outro. Isto ocorre com freqüência, quando os pais, por terem suas dificuldades apontadas nas manifestações dos filhos, se culpabilizam enquanto pais. O problema é que a nossa sociedade, cada vez mais competitiva, vem colocando sobre as crianças a função de consolar e compensar os pais e a própria sociedade pelas suas falhas.

Desta forma, a mensagem subentendida na transgressão é dirigida à sociedade e visa notificar e apelar ao outro, denunciando a situação precária em que se encontra a identificação do eu. É como se o transgressor deixasse assim, sob forma denegatória, sua assinatura, seu retrato.

A formação do eu e a agressividade

A agressividade é correlata ao que chamamos de formação narcísica. A presença acentuada da agressividade nas psicoses paranóicas levou Freud a aprofundar a investigação das características da constituição do eu e seus objetos. A série de variações com que a agressividade se apresenta, interrompendo a construção delirante, indica seu papel de estabilizador nas diversas formas de organização narcísica. Por exemplo, a agressividade interpretativa, o prejulgamento do prejuízo, da difamação, da nocividade, da exploração, do erro, da violação etc. Cada uma delas diz de uma certeza sobre o conhecimento objetivo da identificação do eu e seus objetos. Esta certeza captura uma unidade ideal, ao mesmo tempo que se opõe e obstaculiza a formação subjetiva, condição para a relação com o outro.

> Nas etapas da formação do Eu, observamos a constituição transitiva, onde Eu e outro se confundem. A criança vê despertar o seu desejo pela constatação do desejo do outro, se confrontando; traça seus limites corporais através da ação do outro, experimenta o amor ou abandono, através da manifestação do sentimento do outro. Assim se estabelece o conhecimento paranóico do Eu. Ela pode participar num transe completo, do tombo de seu colega, ou igualmente lhe imputar, sem que se trate de mentira, ter recebido dele o golpe que lhe aplicou[10].

Assim vemos que, diante da ameaça de ser capturado pela demanda do outro, numa imagem que o antecede, para se constituir, o sujeito não pode prescindir do limite oferecido pela linguagem. Por sua estrutura de metáfora, a linguagem direciona o circuito pulsional. É o que Freud chamou de *Função Paterna,* operação metafórica que introduz o significante. Esta função representada pelo pai, mas não exclusivamente dependente de sua presença física, domina e arbitra sobre as primeiras relações dilacerantes e paralisantes, verificadas na fantasia de toda criança com a mãe e com o rival fraterno. A Função Paterna oferece o valor que as dimensiona e estabiliza, ou seja, a instalação do Complexo de Édipo[11]. Trata-se de uma operação lógica que se estabelece a partir do lugar do pai como representante do desejo da mãe.

---

[10] Idem, p. 182.

[11] Freud, S. (1927). "O futuro de uma ilusão". *In Obras completas.* Rio de Janeiro: Imago, 1999.

Aqui estão os elementos da rivalidade estrutural, que toma forma com base na distinção da imagem corporal.

O convívio com pais, avós, tios, primos estabelece uma rede de relações, necessária à constituição da cena edípica, base para a referência identificatória. Aí o sujeito vai encontrar elementos para orientar a posição em relação ao seu próprio sexo biológico, sua relação com o mundo, ou seja, uma forma de organização pulsional. Do contrário, lhe restará a alienação isolacionista, fonte de recursos à marginalidade.

Observamos novas formas de organizações sociais nas quais a competição e sua conseqüência, a rivalidade, são estimuladas e valorizadas. A exigência de "satisfação garantida" faz com que os filhos ocupem lugar de compensação para fracassos e frustrações dos pais, estabelecendo uma dinâmica perversa em relação ao desejo. Esta criança não terá a oportunidade de operar com seus próprios limites e fracassos, assim como com os limites e fracassos dos adultos e da própria sociedade em que vive.

A melancolia dos tempos atuais, quando a cidadania é um valor esquecido e os indivíduos se sentem "restos" na sua própria terra, é a fonte desta resposta perversa, herança maldita.

Um filho não tem que agradar os pais, da mesma forma que não é suficiente que um sujeito aja determinado exclusivamente por exigência moral. A ética propõe uma implicação pessoal, um convencimento íntimo em relação aos princípios morais. Portanto, as leis são apenas instrumentos que contribuem para facilitar a convivência social. Para Freud um sujeito é regido pela lei do desejo inconsciente[12], ou seja, o atravessamento do complexo de édipo, solução determinante para a renúncia ao impossível do seu gozo, preço da liberdade de uma satisfação possível e duradoura.

---

[12] Freud, S. (1900) "A intepretação dos sonhos". *In Obras completas.* Rio de Janeiro: Imago, 1999.

O que cabe aos pais? Qual a responsabilidade da sociedade?

Esta é uma preocupação que, nos últimos tempos, muito tem ocupado os estudiosos das ciências sociais, da saúde, da educação, do direito e a sociedade em geral. O que deve ser feito? Quais os fatores que contribuem para o crescimento dos desvios do comportamento moral? Alguns estudos das ciências psicossociais apontam para possíveis variáveis encontradas na atualidade, tais como: desestruturação familiar, choque entre gerações, mudanças radicais nos valores e costumes, aumento das exigências do mundo globalizado etc.

Realmente se observa uma relação direta entre estes fatores e os casos que se marcam por aspectos transgressores. Mas acaso não observamos as mesmas variáveis em casos perfeitamente adaptados? Poderíamos afirmar que no passado não havia transgressões?

A psicanálise nos ensina que governar, educar e psicanalisar são tarefas impossíveis, mas, é por isto mesmo que tanto Freud como Lacan não desistiram de fazer vigorar os efeitos da psicanálise. Freud reconheceu que as operações com o inconsciente o tornavam um conceito necessário e legítimo. Lacan nomeou o seu ensino como a Ciência do Real[13], isto é, uma práxis que se funda na impossibilidade de se dizer toda a verdade.

A contribuição da psicanálise

O que a psicanálise pode fazer em relação ao inconsciente recalcado, fonte da verdade das ações do sujeito, não é referido à revelação de seu conteúdo. A eficácia do tratamento psicanalítico está no acesso aos fatores que compõem o recalque, revelando, portanto, as determinantes inconscientes que sustentam a formação do eu. A verdade dos motivos do sujeito só pode aparecer na dimensão do seu discurso, não como algo estabelecido, mas como experiência de construí-

---

13 Lacan J. (1974). Ref. ao ex-sistente do real impossível. *RSI, Seminário 22.* Inédito.

la, na presença de um analista – e sob transferência. Isto vai se opor à educação corretiva que, supondo saber a verdade definitiva, busca uniformizar as diferenças reforçando a alienação do sujeito ao ideal.

A incidência repetitiva destes mecanismos sobre o sujeito, chamada de *retorno do recalcado*, traça não só as bases da sua verdade e sua identificação como também estabelece uma condição de escolha do sujeito, que funciona como *tendências*[14].

Essa subjetividade não nos parece negligenciável, como o faz a física, que, através do registro objetivado no aparelho, não leva em conta o erro pessoal na leitura do resultado. O sentido do sujeito só se dá na sua expressão dialética dirigido a um outro sujeito e tomada por este, no lugar de um terceiro, chamado Outro por Lacan.

A experiência analítica permite-nos experimentar a presença da motivação inconsciente como finalidade implícita da manifestação de suas escolhas e recusas no cotidiano, até mesmo nas suas fantasias e manifestações oníricas.

Embora as experiências de agressividade sejam deflagradas a partir de situações reais, elas, por sua vez, têm repercussões sobre o que chamamos de tendência. Na formação de um indivíduo são construídas imagens que não só fazem parte da sua matriz fundante imaginária do *corpo despedaçado*[15], portanto da relação do homem com o seu próprio corpo, como também da relação com os seus outros, isto é, as pessoas de sua dependência. Assim se constitui uma intenção agressiva que entra em ação, fora do controle do eu, sempre que um pretexto fortuito a provoca.

Em relação ao ser humano jamais saberemos, nem ele mesmo, o que se lhe ocorre, nem o que é bom para ele. Uma criança não é melhor nem pior, não há modelo, ela é apenas diferente e essa

[14] Expressão utilizada por Freud (1920), para designar a repetição observada nos sintomas neuróticos

[15] Estágio de organização libidinal, anterior ao Narcisismo, no qual a unidade ainda não se estabeleceu.

diferença deverá ser acolhida pelos pais, mas não resolvida ou ignorada como se já soubéssemos dela. Reconhecer uma criança significa fazê-la tomar suas diferenças para si, respondendo por suas conseqüências, ou seja, dentro da Lei do desejo. Isto quer dizer, como seus pais fazem em relação a ela.

No livro de Nazir Hamad *Destino de crianças*, que é uma entrevista com Françoise Dolto, esta diz dos profissionais que trabalham com crianças: "cada um reivindica o direito a seu narcisismo e defende sua maneira pessoal de desempenhar seu papel junto às crianças, de que todos são responsáveis[16]". Entretanto, verifica-se aí uma perigosa confusão: responsabilidade não é posse. E essa distinção não só é difícil para os pais, pois se torna muito mais complicada quando as ações têm origem no âmbito institucional – a Escola, o Abrigo –, já que aí as crianças, não inseridas no desejo do Outro, uma a uma, se apagam numa comunidade na qual são apenas +1. Isto é problemático para a construção de uma subjetividade, já que ser Um é ser um entre outros e não apenas mais um.

Na medida que um profissional ganha a vida porque cuida de crianças e os pais dão a vida cuidando delas, há uma diferença entre o lugar que ocupa um pai e o lugar que ocupa um educador. Entretanto, um elemento comum a ambos os casos é a ambivalência e seu correlato, o sentimento de culpa. Como já tratamos neste trabalho, a culpa é um indicativo de sentimentos hostis recalcados. Por que o freqüente sentimento de culpa, observado nas relações dos adultos com a criança, submetida ou não à prática da violência? Sabemos que sentimentos hostis recalcados na criança correspondem à projeção sádica relativa ao masoquismo primário[17]. E no adulto? Que ameaça lhe traria responder pelo cuidar de uma criança? Onde há responsabilidade não há culpa. O responsável é aquele que se

---

[16] Dolto, F. e Hamad, N. *Destino de crianças – Adoção, família e trabalho social.* São Paulo: Martins Fontes, 1998.

[17] Sentimento inconsciente estrutural do estado de sofrimento da ação do outro.

autoriza enquanto autor de sua obra e assim responde por ela. O culpado passa direto à ação, transformando-a em reação, ou seja, faz o devido, o que deve ao outro, se colocando assim no lugar de quem espera um julgamento e, portanto, uma pena ou absolvição. O culpado cumpre a pena para receber a liberdade; o responsável conquista sua própria liberdade, a liberdade possível, não sem o outro, pagando o preço na entrada, preço pelo desejo, renuncia ao gozo absoluto, gozo do Outro como chama Lacan. Por isso o sujeito que porta um saber sobre seu desejo inconsciente não pode ser invejoso. Ele sabe que o que é do outro não pode ser dele, não por dever diante da lei moral, mas por impossibilidade diante da Lei do Desejo.

Os sentimentos hostis recalcados, tão freqüentes no trato com a infância, seja por parte dos progenitores, dos pais adotivos, dos profissionais que cuidam e até mesmo daqueles que se ocupam da letra das leis, isto é, seus autores, tornam-se um complicador intransponível, se não puderem ser reconhecidos numa escuta psicanalítica. Trabalhando-os como conteúdo recalcado, tais sentimentos, a despeito do funcionamento consciente, retornam como sintoma – culpabilidade ou sadismo mórbido –, impedindo que o sujeito se reconheça aí como desejante e pague o preço por isto, abrindo mão do gozo onipotente e narcísico do criador diante da criatura, podendo desfrutar da liberdade de responder por si mesmo e pelo desejo, ao se ocupar de seus atos.

O responsável cria, inova; não é um burocrata, um cumpridor do dever. O responsável é ético, o culpado é moralista.

A escuta analítica, abstendo-se de atender à demanda fantasmática ao mesmo tempo que utiliza a suposição de saber sempre presente na transferência, interrompe a alimentação da formação de *imagos* sustentadas no analista e inaugura um espaço para a desmontagem do percurso pulsional. Isto desmonta a repetição sintomática, conhecida como tendência.

Acreditamos que o apontamento para questões inconscientes, próprias do funcionamento psíquico de todo o *ser falante, ser no discurso*[18], se prestou muito mais à abertura que a fechamentos e conclusões.

O compromisso da teoria psicanalítica enquanto o destino que tomou na prática freudiana está ligado à desmontagem do homem. Esta é a herança que nos legou Freud.

Consideramo-nos habilitados a usufruir deste direito, se com estas reflexões provocamos algum mal-estar, fator decisivo para nós, os humanos, na medida em que somos mortais, marcados pelo desejo inconsciente.

II.2 – Famílias contemporâneas: qual será o código?

Uma interrogação se inicia quando abordamos as formas de organização cultural ao longo dos séculos e de como a família, com suas diversas conformações, se fez constituir. Neste sentido, ao considerarmos que em tempos passados a família adquiria outras configurações, nos questionamos acerca daquilo que a sua transformação trouxe aos destinos sociais da *imago* paterna.

Lacan contemplou essa interrogação em um artigo de 1932, destinado à *Encyclopédie Française* e intitulado "Os complexos familiares na formação do indivíduo", escrevendo a esse respeito:

> Não estamos entre os que se afligem com um pequeno afrouxamento do liame familiar. Acaso não é significativo que a família tenha se reduzido a seu grupo biológico à medida que foi integrando os mais altos progressos culturais? Mas um grande número de efeitos psicológicos parece-nos decorrer de um declínio social da imago paterna. Um declínio condicionado por se voltarem contra o indivíduo alguns efeitos extremos do progresso social [...] Esse é um declínio mais intimamente ligado à dialética da família conjugal [...] Seja

---

[18] Lacan, J. (1953).Termos utilizados para designar a constituição do sujeito a partir do significante.

> qual for o seu futuro, esse declínio constitui uma crise psicológica. Talvez seja com essa crise que convém relacionar o aparecimento da própria psicanálise[19].

Da pena de Lacan depuramos, a partir do texto que dela brota, uma advertência aos psicanalistas. Afinal, não lhes cabe ocupar-se de uma ortopedia da família ou de um ideal de resgate de um patriarcado perdido, mas de tomar a singularidade de cada caso, tal como nos ensinou Freud, operando ali pelo viés que a transferência concede, a fim de contextualizar na modernidade os modos como o sujeito comparece.

Lacan enfatiza no que diz respeito a um declínio da imagem social do pai, que isso é algo que ganha sua expressão nas sociedades modernas. O sujeito moderno, o sujeito da ciência, portanto, é aquele cuja constituição se dá nessa frouxidão que a *imago* paterna adquiriu em nossos dias, no campo social.

O que se entende por moderno?

Se acompanharmos Koyré, que, sabemos, teve grande influência no pensamento de Lacan, qual o sentido do termo *moderno*? Koyré relativiza uma concepção de modernidade que situe uma data precisa para o início de qualquer época. Para ele "Somos sempre modernos, em qualquer época, quando pensamos mais ou menos como nossos contemporâneos e de modo um pouco diferente do dos nossos mestres..."[20]. Assim, ele não concebe essa transformação como uma ruptura, mas como um tempo histórico que está sempre em modificação, sempre à espera de uma reescritura, o que certamente faz com

---

[19] Lacan, J. "Os complexos familiares na formação do indivíduo", *in Escritos,* Rio de Janeiro: Zahar, 2003, pp. 66-67.

[20] Koyrè, A. *Estudos de História do pensamento científico,* Rio de Janeiro: Forense Universitária, 1991, p. 15.

que se busque os primórdios de uma determinada época naquela que lhe foi anterior. Com isso, considera a Idade Moderna como decorrente de uma forma de transformação do pensamento no homem que se inicia na Idade Média, mais precisamente com os pensadores da Pré-Renascença e da Renascença.

A ciência moderna, e fundamentalmente a Física, tem suas origens fincadas no estudo dos céus, nas questões astronômicas, o que implica o abandono de uma concepção clássica e medieval do Cosmo, apresentado como uma unidade fechada de um Todo, por uma do Universo, como um conjunto aberto e indefinidamente extenso do Ser. Koyré considera que a Física moderna tem na lei da Inércia sua lei mais fundamental e que a ciência moderna tende a explicar tudo "pelo número, pela figura e pelo *movimento*"[21].

Esse corte entre as concepções medieval e moderna permite a Galileu matematizar a Física, que até então se baseava em um mundo sustentado pela observação da experiência cotidiana e na antimatemática de Aristóteles. A ciência de Galileu, portanto, propiciou a matematização de seu objeto, desapossando-o de suas qualidades sensíveis.

Jean-Claude Milner destaca que, para Lacan, "a ciência moderna se constitui pelo que há de judaico no cristianismo"[22], uma vez que aquilo que distingue o mundo antigo e o cristianismo provém do judaísmo e que é pelo cristianismo que a ciência moderna vai se compor, sendo moderno aquilo que é simultâneo à ciência galileana. Desta forma, Lacan considera que, ao edificar sua obra sobre o *Cogito*, Descartes inventa o sujeito moderno, o sujeito da ciência, aquele que vai propiciar a Freud, imerso que estava em uma concepção do inconsciente tal como Herbart a propunha, a sua própria descoberta do inconsciente.

A passagem de uma época à outra não é simplesmente uma datação, mas a consideração de que, na evolução do pensamento no

---

[21] Koyrè, A., *op. cit.*, p. 182.

[22] Milner, J.-C.. *A obra clara*, Rio de Janeiro: Zahar, 1996, p. 32.

homem, um conceito que em nossos dias nos pode parecer tão claro e óbvio não o foi para, por exemplo, os gregos e para a Idade Média, uma vez que não fazia parte de um conjunto de conceitos e axiomas que justamente proporciona sua clareza e simplicidade. Ao considerar essa transformação do pensamento, não vislumbramos apenas uma descoberta e o estabelecimento de leis claras, mas, antes, a construção de um contexto que podemos chamar de histórico, posto que implica a constituição de um texto a partir do texto histórico que o precedeu.

A família e a modernidade

Para interrogar as formações familiares contemporâneas é preciso considerar o con*texto histórico* em que estas se apresentam ao final do século XIX, em meio a uma sociedade vienense da qual Freud fazia parte, e cuja cultura apresentou as condições necessárias para a sua descoberta. Freud encontrou na mitologia grega, no Édipo de Sófocles, a forma de teorizar uma experiência que, em seu trabalho de descoberta do inconsciente, se mostrava decorrente de uma transformação da família e. conseqüentemente, de suas apresentações no social.

É, portanto, na cena familiar do século XIX que Freud vai encontrar um de seus mais estudados casos, este tendo lugar em uma família típica de seu tempo. Por ocasião de férias em Merano, Philip Bauer, um homem casado, teve um relacionamento com Peppina, esposa de um de seus amigos, Hans Zellenka. Enciumado, Hans decide então assediar a filha de seu rival, Ida, que à época tinha 13 anos e meio. Perseguiu-a insistentemente até roubar-lhe um beijo e tentar violá-la. Horrorizada com o que lhe acontecia, a jovem Ida o esbofeteia e, em seguida, narra a cena a sua mãe, Katharina, na intenção de que esta contasse a seu pai o ocorrido. Phillip, pai de Ida, vai questionar seu amigo Hans sobre o que acontecera entre ele e sua filha. Evidentemente, Hans nega tudo. Phillip, preocupado com o seu relacionamento com Peppina, resolve então acusar sua filha de ter inventado toda a história, enquanto Peppina, aproveitando-se do ocorrido, decide utilizar a adolescente para preservar o seu romance e conta a seu marido que, em suas conversas com a jovem, esta só se interessava por "coisas sexuais" e que lera em sua casa livros eróticos, dentre os quais a *Fisiologia do amor*, de Mantegazza. Em seguida, acusa a moça de ser uma mentirosa. Ida, como sabemos, apresentou então numerosos sintomas: convulsões, enxaquecas, tosse compulsiva, afonia, depressão, tendências suicidas[23].

Esse é o cenário familiar que reinava ao final do século XIX e no qual se inscreve o famoso caso de Sigmund Freud, conhecido como caso Dora. Não se trata de qualquer cena, mas de uma cena na qual os parceiros encontram-se amorosamente ligados. Todo o cenário em que iria nascer a psicanálise era permeado por certo romantismo que compunha a cena.

Foi nesse mesmo contexto que Freud se viu diante de um colega enamorado por sua paciente que vai ser acometida de uma pseudociese. Esse médico, Dr. Breuer, apaixonado que está por sua paciente, Bertha Papenheim, se afasta do tratamento da jovem e sai de férias, momento em que engravida sua esposa, também chamada Bertha e que seis meses mais tarde dará à luz uma menina a quem ele nomeará Bertha. Como sabemos, havia muitas berthas na vida do Dr. Breuer. Quanto a Freud, além de seu interesse científico, nenhuma Bertha. Ele tinha em sua vida, nesta época, apenas uma Martha, sua noiva, a quem escreve narrando aquilo que ocorrera com seu colega e, certamente, somente com o Dr. Breuer, uma vez que ele, Freud, está fora disto, posto que tem em conta a sua transferência.

A psicanálise surge neste momento em que Freud pôde escutar o inconsciente nos romances familiares do século XIX. Nessa teia vai sendo tecido um discurso amoroso cuja representação ele foi buscar no mito de Édipo, mito criado e encenado na sociedade grega.

---

[23] Roudinesco, E. *A família em desordem*, Rio de Janeiro: Zahar, 2003.

Devemos a Bachofen o primeiro estudo sobre a história da família. Neste, ele considera que no homem primitivo vigorava o heterismo, de forma que não se podia atestar a paternidade, restando o estabelecimento da filiação à linhagem feminina. Para ele, será a cultura grega a responsável pela passagem do heterismo à monogamia.

Em *A origem da família, da propriedade privada e do Estado*, Friedrich Engels, comenta as observações de Henry Lewis Morgan, um advogado nova-iorquino, defensor dos iroqueses e um dos fundadores da antropologia social e das relações de parentesco; diz ele:

> A família [...] nunca permanece estacionária, mas passa de uma forma inferior a uma forma superior, à medida que a sociedade evolui [...]. Os sistemas de parentesco, pelo contrário [...] só depois de longos intervalos, registram os progressos feitos pela família e não sofrem uma modificação radical senão quando a família já se modificou completamente[24].

A família contemporânea, portanto, com suas formações variáveis, contextualiza-se num quadro evolutivo e nos destinos do lugar reservado ao pai. Possuidora de novas configurações, ela suscita aos psicanalistas mais do que uma questão referente à sua apresentação, pois propõe interrogar aquilo que diz respeito à transmissibilidade da função paterna; à forma como para o filho do homem, no que diz respeito à descendência, a família, em suas configurações atuais – reconstituídas, monoparentais, homossexuais, heterossexuais –, vem possibilitar à criança a sua inscrição psíquica no seio de uma linhagem e, portanto, de uma história em cujos avatares lhe será conferido o lugar da palavra daquele que a antecede, e que por isso, a insere numa ordem de gerações.

---

[24] Engels, F. *A origem da família, da propriedade privada e do Estado*, Rio de Janeiro: Ed. Civilização Brasileira, 1979, p. 37.

A transformação da família acompanha e é acompanhada por uma modificação no estatuto conferido à imago paterna, conseqüentemente à família no social. Nazir Hamad, em seu livro intitulado *Um homem de palavra*, ressalta que a passagem de uma conformação social regida pelo comprometimento do homem através de sua palavra a uma primazia do Estado implicou um descomprometimento do cidadão em suas obrigações socioculturais. Assim, diz ele:

> A criação do Estado inaugurava a era das trocas escritas; as exigências da vida cotidiana do país introduziram todo um fluxo de papeladas procedimentais e minuciosas, com selos, assinaturas, carteiras de identidade, fiadores da autenticidade do ato e da pessoa. [...] Assim fazendo, o texto tomou o lugar da palavra, subrogando inconscientemente a identificação ao reconhecimento. Ao dar a sua palavra, um homem comprometia a pessoa, a família, o clã, a honra e o lugar social. A partir do momento em que o interesse oficial se preocupou mais com as cristas papilares das polpas dos dedos que com a palavra, o homem foi sendo reduzido, lenta mas seguramente, à sua dimensão biológica; a estrutura social e cultural dessa sociedade foi sendo irremediavelmente lesada e, mais grave talvez, todo o sistema de valores do indivíduo, pois os papéis, símbolo da soberania do Estado, acabaram por descomprometer o cidadão de suas obrigações socioculturais, sem no entanto implicá-lo moralmente no novo sistema de obrigações[25].

Neste percurso, a ciência ganhou um lugar preponderante nas transformações do estatuto familiar ao dar lugar aos contraceptivos, aos testes que servirão como índices de uma linhagem genética, às Procriações Medicamente Assistidas (PMA), à clonagem.

---

[25] Hamad, N. *Um homem de palavra*, Rio de Janeiro: Companhia de Freud, 2004, p. 119.

O advento de um filho adquiriu matizes diferenciados, os contraceptivos permitiram à mulher desviar-se da surpresa de uma gravidez que ela não podia pensar em evitar. O inconsciente surpreendia a todo o momento com uma dicotomia entre querer e desejar. É claro que, apesar dos avanços da ciência, o inconsciente sempre continuará a surpreender o falante, uma vez que não há possibilidade de qualquer controle sem que o sujeito esteja aí incluído, posto que é ele quem cuidará da pílula a ser ingerida, dos preservativos e de todos os modos contraceptivos mais atuais que se encontrem ao seu dispor. Na medida em que há inconsciente, no homem sempre haverá a surpresa de um ato bem-sucedido.

As Fertilizações *in Vitro* (FIV)[26] trazem em seu bojo um enfraquecimento do pai real no social, ou seja, daquele que, encarnando uma função simbólica transmitida pela palavra da mãe, permitirá à criança compor o imaginário do pai.

Se o pai de outrora era aquele que enunciando a paternidade suportava a verdade de um desejo que se impusera ao casal, que não se confundia com um querer, o pai do DNA e das Procriações Medicamente Assistidas é aquele que se exime de sua enunciação e confere à ciência o enunciado acerca de sua progenitura.

As configurações familiares da contemporaneidade, portanto, precisam ser referidas ao que a ciência trouxe de promessas de fertilização e de imortalidade numa sociedade na qual os casamentos por amor, não havia muito, passaram a vigorar em lugar dos casamentos arranjados. Sejam quais forem as formações que se apresentam, ou

---

[26] Na FIV, a paciente é estimulada a produzir uma grande quantidade de folículos que serão aspirados para a captura dos ovócitos, os quais serão captados e colocados em placas de cultivo com os espermatozóides do parceiro masculino. Já na injeção intracitoplasmática de espermatozóides (ICSI), os ovócitos captados serão inseminados pelo espermatozóide do parceiro através da manipulação de uma microinjeção. Após a fecundação e o acompanhamento do desenvolvimento embrionário, serão selecionados aqueles embriões com maior capacidade de se desenvolverem. A transferência embrionária dá-se com o uso de cateteres especiais até o útero, onde ocorrerá uma gravidez normal.

ainda, aquelas que poderão se apresentar – haja vista uma sociedade na qual a clonagem humana já foi anunciada por um Antinori –, a questão que permite aos analistas não se afastarem de sua ética põe em jogo o desejo, interrogando em cada situação o desejo de criança que se configura em um casal, seja ele hétero ou homossexual.

Certamente alguns objetam quanto aos efeitos de uma adoção por casais homossexuais e suas implicações na constituição psíquica de uma criança. É preciso levar em conta que, a despeito de se referirem ao amor pelo parceiro como um amor por um outro do mesmo sexo, as fantasias inconscientes não respeitam a ordem social de uma presença/ausência, mas configuram a possibilidade de que parceiros do mesmo sexo assumam posições opostas no inconsciente, diante do Outro, a partir de suas fantasias. A clínica não se cansa de nos dar exemplos de um posicionamento igualitário diante do outro sexo.

Portanto, a questão deve ser colocada do lado da "criança ideal" a ser adotada, isto é, de um questionamento acerca do ideal de criança do casal, a fim de se levar em conta a forma como a fantasia amorosa de tornar-se um, de tornar-se uma família, confere à criança o seu lugar na economia do desejo desses futuros pais.

O código civil brasileiro, em seu artigo 1723, Sessão III, que versa sobre a Procriação Assistida com doador anônimo, estabelece que ao doador não cabe laço de filiação com a criança nascida através da PMA, sendo garantido o seu anonimato: "A participação através da simples contribuição com material genético para a procriação medicamente assistida de uma outra pessoa não constitui fundamento para a constituição de qualquer laço de filiação entre o doador e a criança nascida da procriação".

O anonimato só será quebrado nos casos em que se comprovar sua necessidade para a preservação da saúde do paciente, conforme estabelecido no artigo 1727, Sessão III, do mesmo Código: "2. Contudo, quando da falta de informação possa resultar uma ofensa grave à saúde de uma pessoa nascida por esse processo, dos seus descendentes ou familiares próximos, o tribunal poderá autorizar a transmissão a título confidencial dessa informação às autoridades médicas envolvidas".

Ainda tramita no Congresso Nacional o projeto de Lei nº 90, de autoria do Senador Lúcio Alcântara, que dispõe sobre Reprodução Assistida. Na Seção VI, Artigo 19, não é conferido ao doador qualquer tipo de laço de parentesco, mas surgem os impedimentos matrimoniais entre os doadores, seus parentes biológicos e a criança nascida. Diz o Artigo: "O doador e a genitora substituta, e seus parentes biológicos, não terão qualquer espécie de direito ou vínculo, quanto à paternidade ou maternidade, em relação à pessoa nascida a partir do emprego das técnicas de Procriação Medicamente Assistida, salvo os impedimentos matrimoniais".

Como se verificará tal impedimento?

Os psicanalistas, na singularidade que a transferência lhes confere no que diz respeito a uma subjetividade, vêem-se diante das questões que o caráter confidencial da informação sobre a ascendência genética vem configurar na economia psíquica de cada um dos parceiros e no sintoma que a criança atualizará. O ato de tomar uma criança como filho implica uma função simbólica que permite a construção de um entorno para a criança que advirá, bordejando o real de uma paternidade e viabilizando as condições necessárias ao imaginário do pai que a criança criará.

Um menino com 6 anos chega à análise, com a queixa trazida pela mãe de que começou a praticar pequenos furtos no colégio. Não demora a se revelar que estes acontecem após a afirmação, por parte de seu pai, de que tentaria a impugnação dessa filiação. Decidido a separar-se da mulher, esse homem, cujo filho havia sido gerado a partir de uma inseminação artificial consentida, com doador anônimo, no momento de uma discussão com a mulher, quando está deixando o apartamento em que residem, profere em tom de ameaça que a criança não é seu filho biológico e, portanto, não lhe cabe assumir essa paternidade, nem o pagamento de qualquer pensão.

O código Civil Brasileiro, em seu Artigo 1724, garante à criança o direito à filiação nesses casos:

> 1. Ninguém pode impugnar a filiação de uma criança pelo facto de a sua procriação ter sido medicamente assistida, com recurso a um dador de gametas; 2. Contudo, o marido da mãe pode impugnar a paternidade se não deu o seu consentimento para a procriação medicamente assistida ou se provar que a criança não nasceu dessa procriação.

A questão que vai se colocar, portanto, diz respeito ao luto da transmissão genética. O homem contemporâneo, diante de uma impossibilidade biológica, demanda uma prole ao *grande pai médico* e vê sua demanda atendida. Mas onde fica o desejo de criança?

No caso que estamos tratando, o sujeito se vê no impedimento de configurar seu desejo, uma vez que o luto de uma transmissão da carga genética não encontrou seu lugar. Como objeto reparador da impotência deste homem diante da mulher – ele só concorda com a inseminação artificial após uma ameaça da mulher de deixá-lo –, a criança atualizava a usurpação da potência do pai.

A prática clínica deixa manifesto que aquilo que vem ao encontro de um ideal de compatibilidade entre o biológico e o simbólico, como único meio de transmissão de uma linhagem, responde à fantasia de uma transmissão que só pode se dar pelos laços de sangue que a impossibilidade biológica de um dos cônjuges revela, na medida em que confronta o sujeito com a lei do significante. Nessa impossibilidade, somente em alguns casos atestadamente biológica, ouvimos a criação de uma história que, recalcando a origem da prole pelo viés de uma inseminação artificial heteróloga – com doadores anônimos –, vem escamotear e driblar o luto dos ideais. Isso não quer dizer que sejamos contra a prática das PMA's, mas que a questão que se deve colocar diz respeito ao desejo de criança. À posição que cada cônjuge ocupa em suas próprias histórias, ao lugar como constituíram as suas fantasias de criança e, portanto, à forma como esse desejo se inscreveu em sua economia psíquica.

Uma jovem vem procurar o analista após algumas tentativas fracassadas de que um filho viesse "completar a sua relação" com o marido. Com vinte e poucos anos, conhece seu atual companheiro e com algum tempo de convivência decidem se casar. Ele, já com duas filhas e natural dos EUA, e ela, natural da França. Eles se conhecem em um país da África em função de seus trabalhos. Mais tarde, com residência fixada na França, decidem ter um filho. Após algum tempo de tentativas sem sucesso, buscam a ajuda da medicina e, depois de inúmeros tratamentos hormonais e diversas tentativas de inseminação artificial, os médicos desistem. A mulher não conseguia engravidar. Decidem então adotar uma criança. Passam por um longo processo durante o qual têm que vir para o Brasil a trabalho, o que não lhes permitiria cumprir os requisitos para adoção exigidos pela legislação francesa. Aqui, iniciam mais uma série de tentativas de inseminação artificial até que uma gravidez sobrevém. No transcorrer da mesma, essa moça, ainda que tendo a opção de não realizar um determinado trabalho dado o seu estado, decide aceitar a solicitação que lhe é feita. Esse trabalho exigia que ela fosse para o interior do Brasil, para uma região bastante inóspita, e ela não hesita. Durante o mesmo, ela inicia um aborto "espontâneo", e sem socorro, posto que este levou aproximadamente 24 h para chegar ao local; ela perdeu não só o bebê, mas toda e qualquer possibilidade de vir a gerar uma criança. Agora, já havia algum tempo que iniciara um processo de adoção no Brasil e, mesmo tendo sido habilitada, diversos encontros com crianças disponíveis para adoção foram fracassados.

Algo sempre acontecia como impedimento à consolidação do processo de adoção, tratando-se, portanto, de um elemento de repetição na história desse sujeito, elemento de repetição com o qual se verá confrontado em sua análise. Nascida de um casal que já contava com cinco filhos, sendo ela a caçula, recorta a seguinte frase: "Eu não podia nascer...", e completa: "... minha mãe não podia ter filhos".

O ato falho a surpreende, pois ela se vê identificada a esse impedimento, no lugar onde sua mãe, após uma gravidez interrompida e com algumas complicações, não podia, por recomendação médica, ter outro filho, e ela será esse outro filho impedido de procriar.

Em 1953, Lacan comenta acerca da inseminação artificial com sêmen congelado:

> [...] a partir do momento em que nos engajamos nessa via, faremos às mulheres, numa centena de anos, crianças que serão os filhos diretos dos homens de gênio que vivem atualmente, e que terão sido, daqui para lá, preciosamente conservados em vidrinhos. Cortaram, nessa ocasião, alguma coisa do pai, e da maneira mais radical: e também a palavra. A questão é então saber como, por que via, sob que modo, se inscreverá no psiquismo da criança a palavra do ancestral, da qual a mãe será o único representante e o único veículo. Como é que ela vai fazer falar o ancestral enlatado?[27].

Possivelmente, em alguns anos, as novas famílias se verão confrontadas com outras questões, dentre as quais aquela que o filme intitulado *Código 46*, do diretor Michael Winterbottom, antecipa. Diz o *Código*:

> Artigo 1 – dois seres humanos com o mesmo grupo de genes nucleares são considerados geneticamente idênticos, as relações de um são as relações de todos; devido às técnicas de fecundação artificial e clonagem, é necessário prevenir qualquer reprodução geneticamente incestuosa, acidental ou proposital, portanto: i. os futuros pais devem ser geneticamente examinados antes de conceber. Se apresentarem 100%, 50% ou 25% de igualdade genética, não poderão conceber; ii. Se a gravidez não for planejada, o feto

[27] Lacan, J. *O Seminário, Livro 4, A relação de objeto*, Rio de Janeiro, Zahar, 1999, p. 386.

> será examinado, uma gravidez vinda de pais com 100%, 50% ou 25% de igualdade genética será imediatamente interrompida; iii. Se os pais não sabem da igualdade genética entre eles, é permitida uma violação médica para prevenir a violação do código 46; iv. Se os pais sabiam da igualdade genética antes de conceber, trata-se de uma violação do código 46[28].

Assim, hoje, podemos acrescentar à questão proposta por Lacan em 1953: como em algum momento a mãe vai fazer falar o ancestral já não somente enlatado, mas retirado de suas próprias células?

A presença do analista no processo de adoção

Algumas questões nos foram suscitadas quando iniciou-se há alguns anos a pesquisa sobre a Função Paterna, junto à Primeira Vara da Infância, Adolescência e do Idoso. O que um processo de adoção, considerando-se todas as suas faces, inclusive a jurídica, nos permite dizer quando é nele incluída uma escuta psicanalítica?

Em psicanálise, uma adoção simbólica é requerida por todo e qualquer falante a despeito de se tratar de uma filiação biológica ou não. Para o filho do homem, nenhuma filiação é assegurada pela genética. Reconhecemos aqui os direitos legais, hoje possibilitados pelos avanços científicos e pesquisas que nos oferecem uma comprovação de paternidade através do DNA. Porém, no que diz respeito à constituição de uma vida subjetiva, a biologia é o que menos importa. Nenhuma comprovação biológica é suficiente para que um pai tome o seu filho como filho. Trata-se antes de

---

[28] Código 46. Direção: Michael Winterbottom. Produção: Andrew Eaton. Roteiro: Frank Cottrell Boyce. Intérpretes: Tim Robbins; Samantha Morton; Nabil Elouhabi; Togo Igawa; Sarah Backhouse; Jonathan Ibbotson (Boxeador). BBC / Revolution Films, 2003, 1 filme (90 min.), son., color., 35mm.

algo que vem inscrito no inconsciente de cada um. Uma criança, antes mesmo de seu nascimento, é singular na idealização de seus pais; para além de se inserir muito mais do que em uma descendência genética, ela fará parte de uma linhagem significante. Esta é a única descendência à qual pertence o filho do homem quando se tem em vista a subjetividade.

Reconhecer a paternidade e ofertar ao filho o seu nome, incluindo-o numa linhagem, implica um acolhimento da criança no seio familiar muito maior do que aquele que qualquer pretensão de subsistência possa dar. Aqui, o que se coloca em questão é antes uma subsistência subjetiva, que possibilite a essa criança a sua criação. A língua portuguesa nos permite encontrar na criação aquilo que é da ordem da origem e também de um lugar a ser escavado para que o sujeito possa ali crescer em convívio com outros. O fato de uma criança ser adotada não é garantia de que lhe seja dado um lugar para se criar.

Em outro caso, uma criança foi adotada ainda bebê na tentativa de suprir uma falta, de ocupar o lugar de um luto. Quem buscou adotar essa criança não pôde encontrar qualquer possibilidade de elaboração desse luto quando da perda de um ente querido, não podendo sequer dar-se conta do que ali perdia. Como tapa-buraco, essa criança, terceiro filho "adotado" — dizemos aqui "adotado" e não adotivo porque consideramos, como propõe, Nazir Hamad, que o termo adotivo implica que algumas condições estejam colocadas numa economia desejante para que, em um processo de adoção, uma criança seja adotada e seja também aquela que adota, que se faz adotar –, entra nessa família como uma incorporação sistemática a um modo de agir.

Na ausência do ente querido, o cônjuge segue os procedimentos realizados outras vezes, de forma mecânica. Toma uma criança aos seus cuidados e, depois de alguns anos, esta lhe causa alguns problemas que o fazem pensar em devolvê-la. Chegam ao consultório, mãe e filho, em busca da solução do problema. Esperam que tudo volte ao normal. Mas o que é normal? Nesse caso, esperavam que esta criança continuasse a comer fora da mesa às refeições familiares, sem causar qualquer preocupação ou dificuldade para essa mulher eternamente enlutada; que cuidasse de sua própria comida, de suas roupas, que não desse nenhum trabalho, apenas "ficasse ali quietinho como sempre houvera estado".

Esse recorte clínico nos permite uma interrogação sobre o lugar do analista neste processo. Afinal, qual o lugar reservado a um desejo de criança? Pensamos que esta questão deve ser colocada na raiz de qualquer investigação acerca da construção do desejo daquele(s) que decide(m) empreender uma adoção. Mais do que uma decisão, adotar é um processo através do qual se dará a construção de um desejo. Querer adotar não tem nada a ver com desejo de adoção. Pode-se querer adotar alguém para, por exemplo, fazer companhia a um filho que se sente muito solitário, pois papai e mamãe não têm tempo para ele; para agradar o cônjuge que não pode gerar; para deixar os bens, etc.

Às vezes, essas formulações nos fazem dizer imediatamente que se trata de algo indecente, que essa pessoa arrume um cãozinho para o seu filho, que agrade o cônjuge com outras coisas, que deixe seus bens para uma instituição de caridade. Mas será que não devemos escutar aí a forma como o sujeito é capaz, naquele momento, de algum dizer sobre um desejo por se construir? Ou devemos procurar encontrar, naqueles que se dirigem a um analista para falar de seu projeto de adoção, um desejo constituído e claro?

Acreditamos que um projeto de adoção muitas vezes requer uma melhor elaboração, que é necessário que o sujeito possa ouvir as questões que ele se formulou em suas fantasias infantis acerca da origem dos bebês. São fantasias inconscientes que, a despeito do sujeito ter encontrado alguma resposta no nível da instrução, ou seja, de estar instruído sobre a concepção e o nascimento de uma criança, requerem uma elaboração, a fim de permitir ao sujeito a construção da possibilidade de abrir mão das fantasias de gestação e concepção.

Ou seja, a possibilidade de um luto da gestação, que se coloca do lado das mulheres, na medida em que há um real do corpo que não sofrerá as mutações de uma gravidez com a qual a menina se viu defrontada diversas vezes; e, do lado dos homens, a questão do luto da transmissão da carga genética, posto que aos homens, em nossa cultura, é reservado atestar a filiação como forma de transmissão de uma linhagem familiar e de virilidade.

Durante o processo de adoção, não cabe ao analista determinar aquele que pode ou não adotar, mas ouvi-lo em suas questões a fim de que possa ou não constituir-se um desejo de criança, dando lugar a um luto da impossibilidade de fazer comparecer no real aquilo que um dia constituiu as fantasias subjetivas de cada um, a um luto ao qual todo falante está condenado pela relação que o homem mantém com a linguagem, na medida em que a linguagem, dirá Lacan, funda a subjetividade.

Portanto, em termos da presença do psicanalista no processo de adoção, trata-se de que o sujeito possa, por sua conta, contar-se como um em uma linhagem familiar na qual ele se insere, a partir do que caberá a ele, e somente a ele, acrescentar mais um.

II.3 – Pai hipermoderno

O presente capítulo aborda a questão da paternidade no mundo contemporâneo, os desdobramentos decorrentes dos avanços científicos e tecnológicos, das práticas e costumes sociais nas novas formações familiares e as conseqüências disso para o sujeito humano, esse sujeito da linguagem.

A clínica da psicanálise na contemporaneidade vem suscitando novas questões a respeito da manifestação dos sintomas, das demandas de cura, das queixas e dos conflitos que afligem o ser humano. Sem dúvida, estamos diante de novos costumes e práticas sociais, novas tecnologias, novas formas de vínculos e relações humanas que, certamente, apresentam desdobramentos e conseqüências nem sempre positivas. São de particular interesse para a clínica da psicanálise os fenômenos que se referem às formas de vinculação ao outro, especialmente as relações familiares: pai e filho, mãe e filho, filho natural, filho adotado, filho desejado, filho abusado, filho violentado, etc.

Estamos numa nova era. A análise da contemporaneidade por filósofos e pensadores da atualidade, como Giorgio Agamben, Slavo Zizek, Gilles Lipovetsky e Negri, entre outros, possibilita uma interlocução da psicanálise com os discursos filosóficos. Lipovetsky[29], em sua obra *Os tempos hipermodernos*, traça um percurso dos elementos determinantes na cultura desde Platão, demarcando as passagens da modernidade à hipermodernidade, termo cunhado por ele. Para Lipovetsky, a época freudiana, período da modernidade, testemunha a ruptura que inverte a ordem da temporalidade, fazendo do futuro, e não mais do passado, o lócus da felicidade e do fim dos sofrimentos, com a exaltação das conquistas da ciência, herança da qual deveríamos nos apossar para que a razão reinasse no mundo, criando condições para a paz, a igualdade e a justiça.

O otimismo da filosofia das luzes e do cienticifismo do séc. XIX caiu com as catástrofes que o séc. XX presenciou. O passado e o futuro desacreditados trazem para o presente a referência essencial dos indivíduos nas democracias, momento de rompimento definitivo com as tradições e de desvio daqueles amanhãs promissores. A modernidade, ao invés de um trabalho de real libertação, subjuga democraticamente corpos e espíritos, submetendo-os a três componentes essenciais – efêmero, sedução e diferenciação marginal – e se apresenta como sociedade superficial e frívola, que impõe a normatividade não mais pela disciplina, mas pela escolha e pela espetacularidade.

A pós-modernidade representa o momento histórico preciso em que todos os freios institucionais que se opunham à emancipação individual se rompem e desaparecem, dando lugar à manifestação

---

[29] Lipovetsky, G. *Os tempos hipermodernos*, São Paulo: Ed. Barcarolla, 2004.

dos desejos subjetivos, da realização individual, do amor-próprio. As grandes estruturas socializantes perdem a autoridade, as grandes ideologias já não estão mais em expansão, os projetos históricos não mobilizam mais, o âmbito social não é mais que o prolongamento do privado. Instaura-se a era do vazio, mas "sem tragédia e sem apocalipse". O consumo de massa e os valores que ele veicula (cultura hedonista e psicologista) são os responsáveis pela passagem da modernidade à pós-modernidade, que se pode datar da segunda metade do século XX. Para Lacan, a pós-modernidade caracteriza-se pela a supremacia do gozo, pela imposição de gozar a qualquer preço.

Já a hipermodernidade, segundo Lipovetsky, denuncia o fracasso desse imperativo de gozo. Com todas as evoluções, progressos e artifícios à disposição do homem que lhe permitem interferir e supor controlar o mundo, emerge um medo do futuro, do semelhante, das ameaças imponderáveis. O narciso hipermoderno não é mais aquele seguro de si, pleno, mas um narciso inseguro, temeroso diante de tantas exigências para as quais deve cada vez mais encontrar formas de controle e proteção. Auto-suficiência, competência, competitividade e sucesso profissional são os requisitos que então vão garantir a existência humana. Reinam a insegurança e o medo generalizados, proliferam os sintomas psicossomáticos, os distúrbios compulsivos, as depressões e ansiedades, as tentativas de suicídio, e um crescente sentimento de insuficiência e autodepreciação. Todas essas manifestações psíquicas na hipermodernidade são o testemunho da emergência de uma angústia primordial já destacada por Freud no início do século XX.

O lugar da paternidade – da função paterna

Freud já apontava no "Mal-estar na cultura"[30] o ponto crucial do conflito humano. As relações com os outros semelhantes constituem a causa maior do mal-estar, o mais difícil de lidar.

---

[30] Freud, S. *Obras completas*, Tomo 21, 1930 [1929], Imago Ed.,1974.

Devido à sua incapacidade de sobrevivência sem um outro semelhante, o homem é um ser destinado ao social. Tal dependência impõe necessariamente uma restrição dos seus impulsos mais primitivos e o divide entre sua extrema dependência do outro, alienação fundamental para todo ser falante, e o desejo de aniquilação e destruição, revolta do que supõe que o limita e reprime.

Tal conflito é constante e eterno. Percorre e perpassa todas as culturas e todas as formas de civilização, tomando diferentes contornos ao longo da história.

A precariedade da condição humana do ser falante, sua imaturidade biológica e o inexplicável mistério de sua existência ressaltam sua situação estrutural de desamparo, nomeado por Freud *Hilflosigkeit*[31] e também referido por Heidegger – *Dasein*[32] – à estranheza do ser no mundo. Essa estranheza, essa diferença radical do homem na natureza, aponta para uma falta estrutural. Algo falta a esse animal que o diferencia dos demais e o faz falar. É preciso notar que justamente essa falta que se coloca para o humano, essa precariedade estrutural, é o que responde pela sua possibilidade de criação e desenvolvimento. O que o diferencia dos outros seres é sua possibilidade de falar, seu acesso e submetimento à linguagem.

Freud, em sua análise do mal-estar na cultura, identifica inicialmente o recalque e impedimento das satisfações, particularmente as de ordem sexual, a repressão de instintos e a recusa de atender ao princípio básico do prazer, exigidos pela civilização, como a causa do desconforto do homem. Contudo, no desenvolvimento de seu raciocínio, aprofunda sua análise e conclui que existe uma impossibilidade humana de extinguir o mal-estar. O mal-estar é uma característica inerente ao sujeito humano e expressa o conflito entre a satisfação ou descarga imediata de suas tensões pulsionais e seu destino biológico de socialização. O desconforto do ser falante refere-se

[31] *Hilflosighkeit*, em alemão, quer dizer desamparo.

[32] Em alemão, *Dasein* significa existência, presença, empregado como verbo – ser aí.

justamente à sua condição de imaturidade biológica, ao desamparo originário, condição de sua alienação ao Outro.

O desamparo originário, a precariedade da condição humana do ser falante, encontra no social contemporâneo inúmeras possibilidades de ser elidida. As mudanças e evoluções da tecnologia, das ciências, dos costumes, das artes, da política possibilitam recorrer a inumeráveis recursos que "protegem" o sujeito de deparar-se com sua característica mais primordial e singular que, apesar de fonte de angústia, é também sua fonte de vida e de criação.

Muitos objetos, múltiplas e infinitas escolhas de toda ordem e em todos os campos se apresentam como garantidoras de um gozo, como proteção contra essa angústia primordial, inerente ao desamparo originário. Inúmeras identificações são possíveis e acessíveis. Uma múltipla escolha de ideais, com diversos referenciais, orienta o desenvolvimento subjetivo e permite uma substituição contínua a cada embate com uma falta qualquer.

O progresso, com suas invenções fantásticas – quase incríveis –, faz o homem deparar-se com as conseqüências de suas criações, que, se não trazem apenas benefícios, ainda podem, se mal utilizadas, tornar-se drásticas para sua própria existência. Muitas vezes o homem trata suas criações como alheias a si, assim como trata a cultura como uma entidade à parte, que o reprime, recusando-se a integrar o mal-estar em sua dinâmica psíquica.

Como ficam os sujeitos com relação às suas posições e valores particulares numa sociedade extremamente liberal, fluida, que requer uma modificação constante e adaptações às mudanças? Se tudo é questionável, se nada tem valor de verdade, se qualquer coisa serve para ocupar um vazio, a partir de que referenciais esses valores se configuram? Há uma banalização das relações e dos vínculos, uma ideologia descartável pela qual qualquer objeto pode revestir-se de valor fálico e ser tomado como tal. O que pode ser transmitido para as crianças, os filhos, como ideais e conceitos de vida, quando tudo é substituível? Como privilegiar escolhas quando a todo instante são oferecidos novos e melhores objetos, mais práticos, mais fáceis, aparentemente mais perfeitos, que requisitam muito menos investimento pessoal, que não defrontam o sujeito com os limites do outro?

Acenos de "satisfação garantida" expandiram-se de tal forma que tudo é possível e nada é desejado. O desejo fica impossibilitado de ser reconhecido como tal. As escolhas particulares não se colocam. Colocam-se oportunidades de satisfação imediata, de ordem pulsional, sem qualquer comprometimento subjetivo. Tudo é válido para garantir um gozo, um gozo que não defronte o sujeito com qualquer falta. Acontece que o gozo é o próprio testemunho do fracasso da satisfação. Não importa a natureza ou qualidade do objeto tomado como garantidor do gozo, *gadgets*, drogas, pessoas, nada obtura o vazio existencial humano.

Hoje assistimos a um curioso fenômeno de deserotização dos corpos, ao exacerbarem-se e explicitarem-se todas as formas de práticas sexuais. A questão da sexualidade na era freudiana se colocava pela repressão. Hoje, o excesso de exibição, apelo e uma quase absoluta falta de repressão e pudor vulgarizam os corpos e as relações entre os sexos. Ao eliminar-se o caráter sexual da procriação, a dispensa da relação entre os sexos como garantidora da reprodução da espécie desinveste as parcerias amorosas de valor fálico, banalizando os vínculos e laços afetivos. Os corpos passam a ser mais um objeto de manipulação e garantia de gozo.

A questão do declínio da paternidade vem ocupando os discursos jurídicos, filosóficos, sociais e psicológicos. Essa fragmentação de sentidos que comparece na multiplicação, na pluralidade de conhecimentos e conceitos, num esvaziamento dos valores até então instituídos na cultura é um fenômeno que se expande por todo o planeta globalizado.

O pai todo-poderoso diante do qual jamais se sonhava contestar a autoridade está morto. Estamos, em nossa cultura, diante de uma mutação paterna. É um fenômeno histórico e social que se inscreve numa longa duração. Um fenômeno por sua vez repetitivo

– cada época tem seus "novos pais" – e evolutivo, que se traduz dentro das leis, modificando progressivamente as mentalidades.

A referência paterna enquanto sustentação de uma subjetividade vem sendo distorcida pelos ideais fragmentados da cultura, que passaram a ocupar um lugar de destaque, ofertando uma infinita variedade de objetos e figuras de identificação. As instituições políticas e sociais também perderam em credibilidade, instituindo um efeito dominó que se propaga e reafirma a ausência de lugares e funções que sustentem uma referência orientadora.

As regras que se impunham, rígidas, não mais se sustentam. No lugar da exceção que funda a regra, temos inúmeros estados de exceção. Hoje, no lugar de regras temos inúmeras exceções que não as ratificam, parecendo funcionar mais como desmentidos da regra do que como a referência diferencial estrutural que a confirma e sustenta.

A relação de superioridade do pai para o filho foi fundamentalmente modificada pela revolução democrática, que pôs fim ao monopólio da família fundada sobre o casamento indissolúvel. Sejam famílias legítimas, naturais ou monoparentais, elas estão todas estruturadas juridicamente pelos princípios de liberdade e igualdade entre homem e mulher.

A integração pelo Direito dos princípios de liberdade e igualdade no seio da família está de acordo com a idéia de direitos do homem, mas abriu uma zona de incerteza para o lugar do pai e para o direito da criança a uma filiação e a uma família.

O discurso jurídico sustenta que a legalidade, a legitimação e o respeito a qualquer sistema simbólico de normas que orientam e regulam os comportamentos e as práticas sociais têm como suporte a palavra, ordenada num texto. É esta palavra que promove a crença na estrutura jurídica como lugar de proteção, instituindo a garantia de segurança e ordem. Faz-se necessária a crença numa estrutura que ampare e proteja o ser humano das mazelas da vida, do mal-estar inevitável e da dor de existir.

Nos fundamentos do Direito, encontramos um estudo sobre a paternidade e a ordem jurídica que exibe um apelo ao pai, o que demonstra que esta referência, oriunda do poder paterno, está na espinha dorsal do ordenamento jurídico, "seja na organização das relações familiares, como chefe de família, seja num deslocamento simbólico transferido para a figura da autoridade papal ou do chefe de Estado, Soberano... Deus, enfim... substitutos da autoridade *pater*"[33]. Seja ainda na teoria pura do Direito, no jus naturalismo jurídico, correntes, desde o Direito Canônico, que discutem a Filosofia do Direito, encontra-se a apelação ao pai de família para justificar a origem das fontes no ordenamento jurídico.

A garantia de respeito à lei sustenta-se num referencial fictício externo, no postulado de uma norma fundamental que regula a criação de outras normas inferiores, que por sua vez encontram sua legitimidade na validez e eficácia da norma que a criou. A crença nessa ficção revela a matriz da legalidade. "Para que um texto funcione, é preciso crer nele. Crer na lei é obedecê-la, é crer no texto [...] é a crença no texto da Constituição que funda e confere validez ao ordenamento jurídico"[34].

Hans Kelsen, em "La función de la Constitución"[35], chama o pai para exemplificar a autoridade imaginária que valida a norma fundamental, e Pierre Legendre, em *Derecho y Psicoanálisis*[36], identifica a força psíquica que atravessa o sistema de crenças, fundado em um nome. Nome de um lugar onde se pode supor uma proteção imaginária, como é o lugar a partir do qual o Papa, o Rei, os Doutores, os Governadores escrevem e ditam e transmitem as normas.

Uma das contribuições de Freud foi apontar as conseqüências do complexo edípico e da função paterna como originárias das

---

[33] Otoni de Barros, F. *Do Direito ao Pai*, Belo Horizonte: Del Rey, 2005, p. 24.

[34].Otoni de Barros, F., *op. cit.*, p. 16.

[35] Kelsen, H. La Función de la Constitución. *In* Legendre, P. *et al.* Derecho y psicoanálisis, Buenos Aires, Hachette, s.d.

[36] Legendre, P. Derecho y psicoanálisis, Buenos Aires, Hachette, s.d.

neuroses. O que é um pai é uma questão sem resposta, mas é a ocasião de uma elaboração permanente. Freud ao mesmo tempo respondeu, dizendo: "o pai é o resultado de um processo cogitativo". O que significa que o pai é uma construção mental do filho e é em relação a esta representação que todo filho se tornará, por sua vez, pai.

"Qual o lugar do pai?". É uma questão característica de nossa época. "Mater certa, Pater incertus". Freud já indicava, que o lugar do pai é frágil, não podendo se sustentar sem o escoramento institucional que lhe serve de legitimidade e apoio. Da parte do homem, antes de ser uma realidade biológica, a paternidade é um ato responsável de adoção. É uma aventura psíquica, uma mutação subjetiva que cada homem conhece ao confrontar-se com o fato de tornar-se pai. A função paterna não existe somente sob a forma de identidades perceptíveis na realidade, mas também no limite da experiência humana, lá onde se vestem as figurações fundadoras do Outro.

Lacan apontou a função paterna como o pivô da constituição subjetiva, o pilar da construção que define o sintoma que responderá pela singularidade desse ser falante. O papel da família na gênese das neuroses relaciona-se ao duplo encargo do complexo de Édipo. É a dinâmica do complexo edípico que regula a estruturação do eu, inicialmente pela relação do sujeito com o outro primário no processo de construção narcísica e, posteriormente, na relação com a realidade, o social e a cultura.

Freud, em "Totem e tabu"[37], afirma a necessidade da existência do tabu para a espécie humana, como garantidor de uma ordem, uma lei externa que se impõe como necessária à organização social. Respeito, temor a algo externo, uma força maior que garantiria o controle dos impulsos mais primitivos, destruidores, permitindo assim o convívio e enlace com os semelhantes.

"O tabu não é uma neurose, mas uma formação social"[38], diz Freud.

---

[37] Freud, S. *Obras completas,* Tomo II, Madrid: Biblioteca Nueva, 1973.
[38] Freud, S., "Totem e tabu", *Obras completas,* v. XIII, Rio de Janeiro: Imago, 1974, p. 93.

Constatamos, portanto, ao nos reportarmos aos textos de Freud e Lacan, que um limite se impõe, se faz necessário como garantidor da preservação e do convívio da espécie humana. Ainda em "Totem e tabu", Freud fala de um instinto natural que impulsionaria ao incesto e diz que a interdição paterna vem a ser a garantia de não realização desse instinto, visto que sua satisfação seria prejudicial do ponto de vista social. A interdição do incesto é então garantidora da possibilidade de civilização.

Lacan também retoma a hipótese de Lévi-Strauss que, para explicar a estrutura do fenômeno social, opõe a Natureza à Cultura. O caráter desordenado, indefinido da animalidade se opõe às regulações da Lei de maneira decisiva; a passagem da Natureza à Cultura se funda sobre um princípio – a reciprocidade – codificada por uma regra universal – a proibição do incesto.

"A introdução do significante do pai introduz desde sempre uma ordenação na linhagem, a série de gerações"[39], diz Lacan, fazendo valer o corte decisivo de um significante aparentemente caído do céu.

A proibição do incesto não é arbitrária. Ela se funda sobre o imponderável, isto é, na estrutura, as leis da palavra. O pai protege do incesto ao intervir na relação mãe-filho, interditando o filho como objeto para a mãe. A função paterna, ao efetivar-se, garante ao filho sua existência subjetiva para além da relação avassaladora com a figura materna.

Portanto, existe algo que não pode ser extinto: é a referência a uma interdição. Interdição do incesto, amplamente estudada por Lévi-Strauss como universal nas relações de parentesco; por Freud como mito fundador e fundamental da cultura, das relações sociais e humanas; por juristas como Norberto Bobbio, cientista político, em sua obra *Teoria do ordenamento jurídico*[40], Hans Kelsen, jus filósofo,

---

[39] Lacan, J. *Nomes-do-Pai*, Rio de Janeiro: Jorge Zahar Ed., 2005.

[40] Bobbio, N. *Teoria do ordenamento jurídico*, Brasília: UNB, 1977.

Teoria pura do direito[41] e Pierre Legendre, jurista e psicanalista; e por Lacan relativamente à função dos Nomes-do-Pai[42].

Conclusão

As técnicas de procriação medicamente assistidas provocaram uma mutação radical nas representações da paternidade, representações de hoje em diante dissociadas do genitor como *paterfamilias*. A dissociação entre sexualidade e procriação, a generalização da pílula contraceptiva e, atualmente, os avanços da engenharia genética certamente têm desdobramentos que afetam os vínculos afetivos e as formações familiares. Os recursos científicos e tecnológicos parecem dotar os indivíduos de um "poder", ou da fantasia de poder dispensar o outro. O amor fracassou como enlace entre os sexos. Vigora a ampla possibilidade de adaptar-se, de substituir, de não se vincular. Se o amor fracassa, o que resta como sustentáculo dos impasses impostos pelo confronto com as diferenças frente ao outro?

Vários irmãos de casamentos diferentes, avós assumindo a paternidade dos netos, casais homossexuais com filhos legítimos de um dos pares, homens estéreis que demandam uma paternidade pela via da inseminação, ou mesmo com mulheres que podem alugar ventres para gerar filhos para seu parceiro, casais homossexuais que estabelecem contratos para procriar, etc. Diante da multiplicidade de famílias, dos desdobramentos decorrentes da separação do casal de origem em outras parcerias, os papéis e funções se misturam. Ideais fragmentados, famílias fragmentadas, sujeitos fragmentados. As funções e os papéis parentais são correntemente dissociados, a paternidade é exercida por dois, três homens, muitas vezes mesmo por uma mulher, quando não por uma Instituição. A circulação das funções em diferentes figuras não é necessariamente nociva, mas é fundamental que essa função opere efetivamente.

---

[41] Kelsen, H. *Teoria pura do direito*, São Paulo: Martins Fontes, 1998.
[42] Lacan, J. *Nomes-do-pai*. Rio de Janeiro: Jorge Zahar Editor, 2005.

O prazer e a prática da sexualidade não são mais reprimidos e condenados, mas totalmente permitidos e valorizados. A exposição do sexo é incentivada excessivamente e explorada pelos meios de comunicação em nossa sociedade contemporânea. Apesar dessa total liberação, os sujeitos ainda se interrogam sobre seu próprio sexo e o significado de sua sexualidade. Mesmo com todos os avanços científicos e mudanças de costumes, da supervalorização da liberdade e da autonomia face a uma infinita possibilidade de escolhas, ainda comparecem discursos e demandas que indicam um mal-estar.

As relações com os semelhantes e os vínculos perderam sua importância. As substituições de toda ordem podem realizar-se sem qualquer ameaça de penalidade ou culpa. Por que o mal-estar ainda se coloca? Por que as depressões? Por que a insatisfação diante da impossibilidade de estabelecer parcerias e relações amorosas estáveis e satisfatórias? A perpetuação da espécie não mais depende dos acordos e desejos compartilhados. O que, então, ainda aflige o homem se praticamente pode dominar e controlar quase tudo?

Observamos uma exposição e banalização do sexo que aponta para uma recusa da sexualidade no sentido freudiano. A condição humana é um funcionamento falho. Uma subjetividade que não encontra correspondente simbólico que defina uma identificação. É no registro do sexual que essa falha estrutural se escancara. Daí toda identificação subjetiva suportar-se num investimento fálico que a oriente, investimento este contingencial, que lhe permite transcender o possível e o impossível.

O que esperar da ideologia contemporânea que propõe uma substituição constante, pela qual as figuras parentais de referência, os limites podem ser dispensados sem se supor que isso traga conseqüências?

A leitura de Lipovetsky da hipermodernidade aponta para um movimento diferenciado dos recursos contemporâneos, para uma reciclagem das heranças da modernidade, estetizando-se, cultualizando e musealizando, customizando sem nostalgia. Fala de uma revisitação do passado que se dá a partir de um retorno do futuro. O passado não é excluido ou anulado, embora o presente seja valorizado:

> O que define a hipermodernidade não é exclusivamente a autocrítica dos saberes e das instituições modernas; é também a memória revisitada, a remobilização das crenças tradicionais, a hibridização individualista do passado e do presente. Não mais apenas a desconstrução das tradições, mas o reemprego delas sem imposição institucional, o eterno rearranjar delas conforme o princípio da soberania individual...
>
> Ainda que nossa época seja o palco da pluralidade conflituosa dos conceitos do bem, ela é, ao mesmo tempo, marcada por uma reconciliação inédita com os fundamentos humanistas – estes nunca antes se beneficiaram de tal legitimidade inconteste. Nem todos os valores, nem todos os referenciais de sentido foram pelos ares; a hipermodernidade não é "sempre mais desempenho instrumental e, portanto, sempre menos valores que tenham força de obrigação"[43].

Tais afirmações nos permitem observar que o pensamento de alguns filósofos e pensadores da atualidade, como os citados no início do capítulo, e alguns juristas também anteriormente citados, fazem uma leitura das questões éticas que afligem o homem atual, cada um referido a seu campo teoórico específico, sustentando um referencial que aponta para a possibilidade de inclusão da angústia, responsável pelo mal-estar humano.

O homem de hoje tem poderes e capacidades que permitem que realize suas fantasias de eternidade, potência e completude recorrendo aos objetos que ele próprio criou e que se encontram à disposição na cultura. Apesar disso, ele se apresenta com uma fala

---

[43] Lipovetsky, G., *op. cit.*, pp. 98 e 99.

vazia, sem subjetivação, sem questões que o intriguem, apenas narrando de forma gozoza como se utiliza dos *gadgets* disponíveis em sua vida diária.

Assim, na contemporaneidade, a figura paterna de exceção, aquela que orienta a formação do ideal de eu à custa do recalque, encontra-se diluída, fragmentada em inúmeros ideais sociais da ordem de uma mais-valia erótica, política, social, libertadora, que no entanto não é capaz de proporcionar o alívio da angústia, conseqüente do desamparo originário da condição humana.

A palavra paterna enquanto orientadora foi fundada por Freud e reafirmada por Lacan. O imponderável e o incognoscível, a impossibilidade de controle absoluto da natureza e das conseqüências dessa natureza no psiquismo humano é referida por Lacan à supremacia do real. A condição humana parte de um desamparo originário, passa por uma alienação fundamental ao outro, para que então o sujeito possa emergir em sua singularidade.

A Psicanálise sustenta que se faz necessário observar esse princípio ético, essa regra singular da existência humana: a interdição do incesto, castração, o limite que o outro semelhante representa para o homem enquanto sua referência fundamental e sua maior fonte de angústia.

Novos sintomas, novas formações familiares, novas estruturas subjetivas, qualquer que seja a abordagem da questão, a função paterna – o Nome-do-Pai funda a garantia simbólica de inserção do homem no mundo. Ao sujeito, referido à sua falta fundamental, seu desamparo originário, à castração constante e à eterna impossibilidade de completude e apaziguamento psíquico, só lhe resta criar e inventar, servindo-se dos nomes do pai oferecidos pela cultura.

A possibilidade de incluir as mudanças, avanços e invenções que se produzem no suceder histórico, sem abandonar essa referência fundamental e indispensável, que a psicanálise sustenta, pode permitir um percurso humano diferenciado. Percurso este que inclua as mudanças da hipermodernidade e oriente a singular existência humana desse sujeito solitário em sua passagem por esse mundo desconhecido a partir dessa supremacia real.

III – Por uma Adoção

III.1 – Desejo de filho: o que é um pai? o que quer uma mulher?

Muito se tem falado do declínio da função paterna na contemporaneidade, porém faz-se necessário precisar que declínio é este. O que é um pai foi uma das questões percorridas por Freud em toda sua obra e retomada de forma brilhante por J. Lacan. Ao elaborar a teoria sobre a constituição do sujeito, Lacan destacou o Nome-do-Pai como o agente da castração simbólica, possibilitando que a criança ingressasse no mundo simbólico como desejante, não mais tão alienada ao enigma do desejo da mãe, também necessário para que a criança possa se constituir no campo do Outro. Contudo, como pretendemos demonstrar ao longo do capítulo, a função paterna é estruturalmente incapaz de responder ao enigma do desejo da mãe. Ou seja, há um declínio que é estrutural na função paterna.

Porém, como nos pontua J.-Jacques Rassial[1], em conferência no congresso promovido pela Escola Lacaniana de Psicanálise do Rio de Janeiro sobre a Função Paterna, para além do declínio estrutural do pai enquanto simbólico, há um desfalecimento do pai real, que é o agente da castração da mãe por duas vias: lembrar-lhe que um filho não se faz sem pai, e que, além de mãe, ela é mulher.

Ao pensar a função paterna e suas relações com o desejo de filho em tempos de procriação assistida, vale lembrar o que nos diz Claude Dumézil no texto "Desejo de criança": "o desejo de filho é atravessado pela questão do desejo de um homem e/ou de uma mu-

---

[1] Rassial, J.-J. "A falência do pai real". Conferência realizada no Congresso sobre a função paterna organizado pela Escola Lacaniana de Psicanálise. Rio de Janeiro, 1 de julho de 2005.

lher de ter uma criança incluída (ou não) no amor que esse homem tem por essa mulher e reciprocamente. Todos sabem que esses parâmetros nem sempre estão assim ordenados ou que não o estão de uma vez por todas"[2]. Enfim, para se entender a que desejo remete o desejo de ter um filho, deve-se pensar sempre nas histórias edípicas da mulher e do homem do casal, seus caminhos identificatórios, assim como a relação entre eles.

O que quer uma mulher? juntamente com *o que é um pai?* foi outra questão crucial que Freud percorreu ao longo de toda sua obra. Vale, então, lembrar Freud nos primórdios de sua criação, descobrindo a transferência como motor de cura na direção de uma análise. Foi no encontro fecundo de Freud e Anna O., ainda que se tratasse, neste caso, de uma pseudociese, isto é, uma gravidez imaginária que Anna O. criou a partir de seu enamoramento por Breuer, que Freud descobriu que aquela gravidez dirigida ao analista era justamente o que faria a diferença da psicanálise para qualquer tratamento sugestivo, isto é, a descoberta dos fenômenos transferenciais. Enfim, de alguma forma podemos dizer que a descoberta da transferência nasceu da fantasia de uma histérica em torno da gravidez, da maternidade, do filho demandado ao analista.

Acossado pelas questões das histéricas, Freud vai percorrer, ao longo de sua obra, a tentativa de responder o que quer uma mulher, o que é uma mulher, questões que permanecer-lhe-ão insolúveis, já que ele acredita, em um de seus últimos escritos (Freud, 1939), que o final de análise das mulheres esbarraria na inveja do pênis. Anos antes, em 1932, numa nova conferência introdutória sobre a Psicanálise, *Feminilidade*[3], Freud disse que o desejo de pênis seria *par excellence* um desejo feminino.

---

[2] Dumézil, C. Desejo de criança. In *As homossexualidades. A clínica lacaniana. Revista Internacional.* Número 4. Rio de Janeiro, Cia de Freud, 2005, p. 64.

[3] Freud, S. "Feminilidade". *In Obras completas de Sigmund Freud*, vol. XXII. Rio de Janeiro, Imago, 1980 [1932].

Neste texto, Freud fala de dois momentos em que o desejo de ser mãe comparece para uma menina. O primeiro ainda na fase pré-edípica, quando a menina, em suas brincadeiras de bonecas, expressa o desejo de ser mãe pela via de uma identificação com ela, e o segundo na fase edípica, quando a menina deseja ter um filho do pai, numa equivalência filho = pênis. Tentemos extrair desta sutileza de tempos elementos para pensarmos as questões das mulheres em relação à maternidade e ao desejo de filho.

Ao referir-se ao complexo de Édipo nas meninas, Freud (1932) destaca a importância, embora reconhecida muito tardiamente em sua obra, da relação primária e primeira da menina com sua mãe, o que ele denomina como a relação pré-edípica da menina. Assim como para o menino, a mãe é para uma menina o seu primeiro objeto amoroso. Porém, ao se deparar com a distinção anatômica entre os sexos, a menina percebe que é desprovida de pênis, desfazendo uma das teorias sexuais infantis que postulava a crença da existência do pênis em todos os seres humanos, inclusive em sua própria mãe. A inveja do pênis é a tônica do drama feminino em sua constituição subjetiva, ou, se quisermos parafrasear Freud, a inveja do pênis é a conseqüência psíquica, para a menina, da diferença anatômica entre os sexos. Perante essa decepção com a mãe, ao perceber-se castrada, a menina voltar-se-á para seu pai na esperança de que ele lhe repare esta falta. Como Freud pontua, é o complexo de castração que dá a entrada à menina no complexo edípico propriamente feminino. Após essa entrada marcada pela castração, Freud postula três saídas para o Édipo feminino: a neurose, o complexo de masculinidade e o que ele designa como a *feminilidade*.

Nesta terceira saída, Freud diz que a menina encontrará o caminho da feminilidade se "o desejo do pênis for substituído pelo desejo de um bebê, isto é, se um bebê assume o lugar do pênis, consoante uma *primitiva* equivalência simbólica"[4]. Ele chama a atenção

---

[4] Freud, S., *op. cit.*, p. 157 (grifo meu).

de que o desejo de bebê é anterior ao momento propriamente edípico da menina, expresso em suas brincadeiras com bonecas. Porém ressalta que o desejo de bebê expresso na brincadeira é uma identificação com a mãe, com a intenção de substituir a atividade pela passividade, desempenhando, assim, o papel de sua mãe. Freud alega que "Não é senão com o surgimento do desejo de ter um pênis que a boneca-bebê se torna um bebê obtido de seu pai e, de acordo com isso, o objetivo do mais intenso desejo feminino"[5].

Seguindo esse raciocínio, podemos pensar que o desejo de um filho é a expressão do desejo da menina de recuperar aquilo que lhe faltou, a saber, o pênis. Isso explicaria o porquê de as mulheres quererem ter filhos. Mas restam algumas questões na elaboração freudiana. Primeiro, Freud ressalta que a equivalência pênis = filho é uma primitiva equivalência simbólica. Primitiva no sentido de insuficiente, primária, necessitando de uma outra operação que funcione para a menina como um verdadeiro franqueamento da castração? Para ele, o legítimo desejo de um filho é aquele dirigido ao pai, o que é interessante de pensar, pois, de alguma maneira, estabelece que é este o agente que fará validar a castração feminina. Porém Freud é bastante realista quanto às verdadeiras condições da dissolução do complexo edípico feminino em comparação ao masculino: se este último se dissolve pela ameaça de castração e o primeiro tem sua entrada pela castração, o que garantirá então sua saída? Freud argumenta que em função disso uma menina pode ficar por um bom tempo fixada na relação com sua mãe. Resumindo, o pai é insuficiente para responder sobre a feminilidade, mas é o agenciador do legítimo desejo de filho na mulher. Entretanto, vale destacar que o legítimo desejo de filho postulado por Freud não coincide necessariamente com o desejo de maternidade. Pois é importante lembrarmos do primeiro tempo, em que a menina já apresenta o desejo de ser mãe pela via da

[5] Freud, S., *op. cit.*, p. 158.

identificação com sua própria mãe. Quais as conseqüências clínicas que podemos extrair deste impasse?

O filho representa para a menina a promessa de ter o pênis que lhe faltou, o que torna possível explicar porque querer ter um filho impõe-se para as mulheres como uma questão tão presente. Contudo, quando a maternidade chega, ou, às vezes, só ao anúncio desta, a mulher invariavelmente depara-se com uma ambigüidade intensa de sentimentos. Uma alegria imensa banhada de angústia, medo, decepções. É necessário, então, precisar o que marca a diferença entre o querer e até mesmo desejar um filho e o desejo de ser mãe e a maternidade efetivamente.

Lacan (1956-57), no *Seminário IV*, vai abordar a sexualidade feminina no que se refere à relação da mulher com o falo. A criança é tratada como uma solução para a falta feminina, já que o falo é o significante que faz da mulher um ser em falta. Ser mãe é correlato da falta de objeto essencial para a mulher: o falo. É importante situar esta questão com Lacan, pois os pós-freudianos fizeram uma leitura bastante complicada do que viria a ser a inveja do pênis na menina, destituindo o órgão de seu atributo fálico, a saber, aquele que pode faltar. Dessa maneira, para autores como Helen Deutsch, Paula Heiman, Margareth Little, chamados por Lacan de "teóricos da contratransferência", a relação mãe-bebê é vista como uma relação de completude, sendo o bebê aquilo que complementaria uma mulher. No *Seminário X*, sobre a angústia, Lacan (1962-63)[6] faz uma crítica às conduções de análises feitas por aqueles teóricos, que acreditavam ser a relação analítica o espaço onde alguma coisa que faltou para o bebê, no caso o paciente em questão, poderia ser restituída pelo analista. Não vamos nos deter aqui nas conseqüências clínicas que este tipo de solução porta. Mas vale a pena ressaltar algo que Lacan trabalha neste seminário que muito nos interessa. Na aula

---

[6] Lacan, J. *O Seminário, Livro X. A angústia* (1962-1963). Rio de Janeiro: Jorge Zahar Editor, 2005.

de 19/12/63, Lacan faz uma distinção fundamental em relação ao objeto da angústia, que porta distinção entre o *não poder* enquanto *incapacidade para*, e o *não poder* enquanto *proibido*. A partir desta distinção, podemos dizer que há uma *incapacidade para* se saber sobre o significante do objeto de desejo, que é estrutural. O recalque no neurótico porta uma solução simbólica ao traduzir tal *incapacidade para* como uma *proibição*, como um interdito da mãe enquanto objeto amoroso. Há algo de irrecalcável no sujeito que é justamente saber sobre este significante do objeto de desejo. Em outras palavras, é impossível simbolizar, é impossível saber sobre o que se foi no objeto de desejo da mãe, visto ser esta o primeiro Outro primordial e sendo o desejo do homem o desejo do Outro. Para Lacan, pai e mãe são dois significantes e vai haver uma operação de substituição do significante do desejo da mãe pelo Nome-do-Pai. Porém, como Lacan ressalta neste *Seminário*, há uma *incapacidade para*, que é estrutural ao nome-do-pai, responder totalmente ao enigma, ao *x* do desejo da mãe. Isso acontece tanto para homens como para mulheres, mas aqueles têm o ancoramento do órgão para responder ao enigma têm a possibilidade de simbolizar a falta no imaginário do corpo, naquele que pode faltar: o pênis.

A menina não tem essa saída, precisando do filho para representar a falta. Então, longe de ser algo que complete uma mulher, um filho sempre a confrontará com sua própria castração, com o questionamento do que foi como objeto do desejo da mãe. Lacan, na lição de 20/03/57, no *Seminário IV*, estabelece uma diferença importante para se pensar o lugar que o filho ocupa no desejo da mãe: o bebê pode ocupar o lugar de metáfora do amor da mãe pelo pai ou pode funcionar como metonímia do desejo materno pelo falo. Ele argumenta: "Não é, em absoluto, a mesma coisa o fato da criança ser, por exemplo, a metáfora de seu amor pelo pai ou a metonímia de seu desejo pelo falo, o que ela não tem e não terá jamais"[7].

---

[7] Lacan, J. *O Seminário, Livro IV. A relação de objeto* (1956-1957). Rio de Janeiro: Jorge Zahar Editor, 1995, p. 248.

Poderíamos estabelecer alguma relação desta distinção com aquela realizada por Freud (1932) em relação ao desejo materno? O filho como metáfora do amor da mãe pelo pai teria alguma relação com a equivalência filho = pênis freudiana já evocada aqui? E a metonímia do desejo materno estaria relacionada ao primeiro tempo pensado por Freud, do desejo de ser mãe por via de uma identificação materna? Todo desejo materno está relacionado a uma demanda do falo? Se estiver, será uma demanda ao pai ou à mãe? Ou ainda, o desejo materno via identificação materna não passa pela demanda fálica? Ainda que não se tenha respostas a essas perguntas, mesmo porque elas só podem ser respondidas no caso a caso, parece-me que são cruciais na clínica com mulheres. Quantas vezes se é mãe para reparar, compensar o que não se recebeu da sua própria mãe? Ou se tem um filho para oferecê-lo à própria mãe, restaurando-a daquilo que lhe foi tirado? Ser mãe ou ter um filho são equivalentes? Quantas vezes se é mãe sem ter filhos, ou se tem filhos, mas não se assume a maternidade? Ou ainda, haveria uma correspondência entre ser mãe e ser o falo, e ter um filho e ter o falo? O filho porta sempre, para a menina, uma passagem necessária de ser o falo para a mãe e ter o falo do pai? Quando a menina se dá conta de que não tem o falo, isso pode equivaler a que ela também não o é. Ao dirigir-se ao pai na equação pênis = filho, o que pede uma menina? Ser ou ter o falo? E, nesse sentido, a passagem da menina da mãe para o pai tem o efeito de uma metáfora ou metonímia? Esse pedido de filho ao pai está em que registro, da demanda ou do desejo?

Pergunta esta que me parece crucial nos tempos de hoje, em que não se precisa mais da relação sexual para que se tenha um filho. A procriação assistida nos vem mostrar que um filho pode ser demandado à ciência, à medicina, como mais um objeto de consumo, em que o desejo de filho fica abolido, foracluído, assim como Lacan nos disse em "A ciência e a verdade" (1966)[8], sobre a relação

[8] Lacan, J. "A ciência e a verdade" (1966). *In Escritos*. Rio de Janeiro: Jorge Zahar, 1998.

da ciência com o sujeito, em que a primeira foraclui o segundo. Diz Magdeleine Chatel em seu livro *O mal-estar na procriação*, "que essas demandas de filhos testemunham transferências dirigidas ao médico, que é a competência socialmente legitimada: aquele de quem se espera um saber sobre o mistério do corpo e da vida, aquele em quem se tem fé e cuja palavra tem imensa eficácia, quer seja justa ou não"[9]. Se a demanda de um filho é dirigida ao médico, e não mais ao homem parceiro, como Chatel alerta, devemos perguntar o que está contido nesse pedido. Pedido que parece muitas vezes ser atendido pelos médicos sem que se escute o quê de desejo contém essa demanda.

No ano do sesquicentenário de Freud vemos estampada na capa da Revista de domingo do jornal *O Globo* de 12 de março de 2006 a seguinte matéria: "Bebês em promoção. Preços imbatíveis. Forte queda nos custos dos tratamentos de fertilidade já permite gravidez por oitocentos reais". A matéria trata do aumento de gestações em conseqüência da diminuição dos custos das técnicas de inseminação artificial, agora ao alcance de uma parcela maior da população. É claro que precisamos ter cautela numa suposta crítica à inseminação artificial. Só no caso a caso é que será possível saber a quantas anda o desejo de filho para o casal que busca esta saída, mas temos assistido, nos meios de comunicação, falas bastante delicadas tanto por parte dos casais, quanto dos médicos: casais que buscam a inseminação, pois querem escolher o sexo da criança (sem quererem se defrontar com o real do sexo do filho que chega), porque tentaram durante três meses e a gravidez não aconteceu (um casal só é considerado com alguma dificuldade fértil após um ano de tentativas), porque querem seu filho de direito (e não mais do desejo) e uma série de outras reivindicações que parecem estar apenas no plano da demanda, fazendo parecer realmente que se trata de mais um objeto de consumo.

---

[9] Chatel, M.-M. *O mal-estar na procriação.* Rio de Janeiro: Campo matêmico,1995, p. 84.

O que é um pai? O que quer uma mulher? São questões, como todas na psicanálise, que só podem ser respondidas no um a um, no caso a caso. Vale, então, mais uma vez, lembrar Freud em seus primórdios e fazer tal qual ele fez ao não recuar da gravidez de Anna O.: escutar o que de desejo há nas demandas de filho.

III. 2 – Função paterna e adoção

Vai ter catapora
amarelão e gálico
vai errar o caminho
vai quebrar o pescoço
vai deitar-se no espinho
fazer tanta besteira
e dar tanto desgosto
que nem a vida inteira
dava para contar.
E vai muito chorar.
(A praga que te rogo
para teu bem será)
(Carlos Drummond de Andrade, *Antologia poética*)

Adotar uma criança não se resume a levá-la para o seio da família, dar-lhe um sobrenome, cuidar das necessidades referentes à sua sobrevivência. Estas são condições necessárias, mas insuficientes para a efetivação de uma adoção. Apontamos neste capítulo a importância de identificar o desejo presente tanto nos candidatos à adoção, quanto na criança a ser adotada.

O desejo por um filho é mais do que pensar em ter alguém para companhia, mais do que querer ter alguém para se ocupar, para preencher um vazio deixado por qualquer circunstância. Investir na idéia de um filho é um ato de responsabilidade, não apenas civil, mas de valor psíquico que permita à criança uma existência subjetiva própria, ou seja, que esta venha possuir uma autonomia psíquica em relação aos seus futuros pais.

Sustentamos a importância de uma escuta analítica que reconheça o desejo em jogo. Partiremos da descrição de fragmentos clínicos para explicar esse *algo mais* necessário para a efetivação de uma adoção, ou seja, o desejo por um filho.

Fragmentos do caso clínico

O pai adotivo de M. procurou a analista, pois estava muito preocupado com o comportamento da filha. Com uma expressão tensa, o pai começa a falar dos problemas que M. causa à família e do seu próprio sofrimento. M. hoje tem treze anos, mas desde os oito lança mão de rituais para dormir e para sair de casa; não se relaciona bem com outras crianças, passa a maior parte do tempo sozinha, assistindo televisão, apresenta também grandes problemas de aprendizagem. Em relação ao ambiente familiar, M. briga muito com a irmã mais velha e "rouba alguns pertences desta", disse o pai. A relação com a mãe adotiva é a que gera mais conflitos, pois há brigas constantes entre as duas.

A analista pede que a mãe compareça ao consultório. A mãe disse estar ansiosa para falar sobre os conflitos que tem com M., queixou-se muito, dizendo que M. fazia tudo para aborrecê-la, por isso amaldiçoava o dia em que a pegou para criar. Sua fala oscilava entre uma enorme rejeição e um sentimento de culpa, julgando-se sem amor e "estrutura" para oferecer à menina. Segundo ela, embora amasse os outros dois filhos que teve com o marido, também não se sentia forte o suficiente para criá-los após a separação. Considera que não casou para ter filhos e, sim, para ter um marido. Resumindo sua condição: "sem marido, sem filhos".

A genitora de M. entregou-a ainda bebê ao casal, que logo providenciou a adoção jurídica, um reconhecimento legal. Diante do acolhimento que M. recebeu, podemos considerar se, para além dos aspectos jurídicos, houve aí uma adoção?

Em muitas situações, pode ocorrer uma demanda de adoção a partir de outros motivos que não seja o desejo de um filho. Nas entrevistas de acompanhamento durante o processo de adoção, são promovidas oportunidades para dialetizar o que está em jogo nesse pedido. Mas como escutar o desejo por um filho? Como avaliar o futuro do convívio familiar? No caso de M., este convívio se tornou insustentável. Ela vinha sendo espancada por sua mãe adotiva há vários anos. A mãe se referia a M. como uma "coisa", cuja presença a incomodava muito. Por isso, batia nela "até cansar", ou sua "raiva esvaziar". Os maus-tratos físicos só cessaram quando M. foi morar com o pai, logo após a separação do casal; no entanto, a mãe telefonava diariamente, para agredi-la e ameaçá-la com chantagens emocionais.

Uma adoção envolve algumas condições, uma das mais importantes é a revelação. É indiscutível que a criança tem o direito de saber que é adotada. Contar para ela a história da sua origem faz diferença na elaboração de um processo adotivo. Nazir Hamad, em seu livro *A criança adotiva*, diz que não se pode prever um momento pontual para a revelação. A criança deve receber "elementos de informação, através dos quais ela fará a síntese progressivamente, em diversas etapas"[10]. Quando M. tinha 6 anos, sua mãe lhe disse: "Eu não sou sua mãe, ela queria te jogar fora, então, te peguei para criar". Ela diz à analista saber o grande mal que faz à menina, mas que M., verdadeiramente, não é sua filha, não a reconhece como tal. O mesmo não acontece com os seus outros dois filhos, que ela afirma, com sorriso, ter gerado.

E o pai, pôde ele afirmar seu desejo ao assumir a criança? Foram o seu amor e a sua dedicação que fizeram toda a diferença

---

[10] Hamad, N. *A criança adotiva.* Cia de Freud, Rio de Janeiro, 2002.

nesse caso. Ao descobrir as surras que M. levava da mãe, resolve se separar e levar a menina para morar com ele e a avó paterna. Em seguida seus dois filhos foram morar também com eles, por decisão da mãe, e, nessa nova constelação familiar, criou-se um ambiente mais harmonioso – sem que, entretanto, M. deixasse de dar sinais de que algo não ia bem com ela. Seus sintomas denunciavam o que ela não falava sobre a agressão e a indiferença da mãe.

Nas primeiras entrevistas, M. permanecia silenciosa a maior parte do tempo, seus olhos transpareciam uma grande tristeza, trajava roupas largas e compridas, parecia esconder-se. Quando falava sobre sua mãe adotiva ficava muito agitada, angustiava-se, dizia que não sabia por que fazia coisas que aborreciam a sua mãe, mas que sentia vontade de fazê-las. Apenas o pai conseguia conter os impulsos agressivos da menina – o *não* do pai fazia continente para a sua angústia.

M. necessitava de ajuda até para as atividades que ela mesma propunha, como contar a pontuação dos jogos, arrumar os brinquedos, escolher o material a ser utilizado, arrumar seus cabelos. Por muitas vezes, através do seu discurso, M. colocava a analista num lugar de cuidados maternos, como também parecia se situar em relação às pessoas da sua família. Numa sessão, ela surge maquiada, com roupas de cores alegres, e diz: "Pedi a minha irmã para fazer compras comigo e fiquei com essas roupas porque achei que você iria gostar das cores, mas é claro que foi o meu pai que pagou".

M., ao mesmo tempo que apresentava uma melhora em alguns dos seus sintomas, como as sistemáticas arrumações da casa antes de sair, a agitação motora, a dificuldade de aprendizagem escolar, continuava a agredir com palavras e gestos a mãe adotiva. Ela ainda portava muito sofrimento frente à sua história. Chegando muitas vezes a um limite emocional, parecia pedir, através das suas explosões de raiva, que se a acalmasse quando fazia tudo para contrariar a mãe. Entretanto, após muitos meses de ela ter chegado à análise, M. já não pedia tanto para ver a mãe, o que melhorou o seu estado emocional, pois toda vez que ela a visitava havia muitas brigas e M. retornava para a casa do pai visivelmente transtornada. Com as visitas mais espaçadas e apresentando uma maior tranqüilidade, ela pôde se inserir em várias atividades sociais que incluíam pessoas da sua idade.

Sua análise foi interrompida devido à mudança de endereço da família. M. ainda tem muito que elaborar de sua história, mas gostaria de ressaltar que as questões apresentadas por M., demonstraram o quanto a afirmação do desejo por parte daqueles que adotam é primordial para que o processo realmente se efetive, e o quanto os maus-tratos provocam uma devastação no psiquismo da criança, o que se pode chamar de uma verdadeira violência.

A via dupla da adoção

Muitas vezes ouvimos pais de filhos adotivos atribuírem aos pais biológicos a origem dos problemas de comportamento. Entretanto, deve-se considerar que a formação psíquica de uma criança é constituída por múltiplos fatores, principalmente a trama edípica de quem a cria. É fundamental poder reconhecer-se incluído como responsável, enquanto pai e mãe, pela saúde psíquica da criança.

A mãe de M., ora reconhece a interferência da relação com sua própria mãe, no modo de lidar com a filha, ora acredita que o mau humor da menina deve estar associado a fatores biológicos. Há uma vacilação na assunção da responsabilidade materna.

A adoção funciona sob dois eixos: o do(s) adotante(s) e o da criança. Do lado dos pais, é fundamental um trabalho de elaboração. Um luto necessário da criança que eles gostariam de ter sido, mas não foram. Desta forma, a criança encontra uma existência de fato no espaço psíquico deles, advindo em sua singularidade, não sendo sempre conforme ao desejo dos pais. Do lado da criança, também é preciso que ela adote os pais, adote seus significantes.

Filiação simbólica

As sociedades distinguem a parentalidade em dois tipos: uma constituída por pais verdadeiros, ou seja, um parentesco fundado em laços sangüíneos, e, outra, fruto de uma adoção na qual o parentesco se forma por um outro tipo de circunstância que não a biológica.

A psicanálise sustenta que a filiação se fundamenta no simbólico. Há, na cadeia da filiação, uma transmissão. Os pais transmitem ao filho aquilo que lhes foi dado: o nome e a dívida contraída em relação àqueles responsáveis pela sua formação subjetiva, e isso é assim para todos.

M. pôde, apesar de vários infortúnios, conquistar e receber um lugar numa família graças ao desejo e ao amor do pai, que possibilitou uma inserção na linhagem familiar, que foi formada de um modo diverso daquela das chamadas famílias tradicionais, tendo o pai não apenas como mantenedor, mas também como aquele que, desde a acolhida de M., atuou como um protetor dos desmandos e caprichos maternos – que ocupou para a filha um lugar de autoridade, que lhe foi conferido graças aos seus investimentos amorosos.

A lei do pai

O pai, através de sua palavra, funda um lugar terceiro junto à mãe e à criança, impedindo esta de ser tudo para sua mãe, protegendo-a de uma relação fusional, ou seja, promovendo um corte e estabelecendo um lugar desejante para a criança. Não se trata da presença ou ausência do pai e sim de uma operação simbólica que efetua uma dupla castração: para a criança e para a mãe. Este lugar terceiro ocupado pelo pai priva a mãe de designar a criança como seu objeto de gozo.

A mãe, privada de possuir de forma irrestrita o objeto do seu desejo (o filho), possibilita a instauração da Lei fundadora do desejo. É só como efeito da marca da metáfora paterna estabelecida em sua trama edípica que a mãe pode funcionar como portadora da palavra do pai. Com isso podemos dizer que é pelo valor dado pela mãe à palavra do pai que se instaura um lugar onde este vem ocupar uma posição de autoridade.

Lacan, no *Seminário 5*, diz que "o pai é um significante que substitui um outro significante: "a função do pai no complexo de Édipo é ser um significante que substitui o primeiro significante introduzido na simbolização, o significante materno"[11].

Esse caso explicita a importância do lugar do desejo dos pais para a construção das identificações de uma criança. Como avaliar se a questão desejante está presente ou não numa demanda de adoção? Citamos Nazir Hamad a esse respeito: "Nossa tarefa é ainda mais difícil na medida em que não existe nenhum critério científico para medir a quantidade de desejo em jogo no pedido de adoção. O que podemos apreciar e avaliar é a maneira como a formulação deste projeto adotivo é inserida num discurso"[12].

Nesse caso, não houve uma escuta anterior ao processo jurídico da adoção que pudesse localizar melhor as questões conflitantes da mãe com a maternidade. Podemos, então, nos perguntar: se houvesse, essa adoção seria concedida? É preciso uma interrogação sobre o lugar que a criança ocupa na economia psíquica dos futuros pais.

Não temos, *a priori*, resposta para essa questão, mas acreditamos que uma escuta psicanalítica possibilite ao sujeito algum saber sobre o seu desejo, através da compreensão de suas demandas e, conseqüentemente, da possiblidade de ocupar os lugares de pai e de mãe a seu modo.

III. 3 – Anjo, pai

"É a conjugalidade de um homem e de uma mulher que funda a parentalidade"[13] nos diz Phillipe Julien; não há biologia incluída aí. Só

---

[11] Lacan, J. *O Seminário, Livro 5, As formações do inconsciente.* Rio de Janeiro: Jorge Zahar, 1999, p. 180.

[12] Hamad, N., *op. cit.*, p. 89.

[13] Julien, P. *Abandonarás teu pai e tua mãe,* Rio de Janeiro: Cia de Freud, p. 36.

um homem e uma mulher que foram e continuam sendo, um para o outro, mulher e homem podem transmitir a lei do desejo a seus filhos. Sendo assim, para um filho, um homem é pai na medida em que recebe este lugar no desejo de sua mulher.

O desejo do sujeito nasce a partir do desejo do Outro, ali onde tomam lugar os significantes da história do sujeito. É nesse campo do Outro que o sujeito vai encontrar uma significação. Com o nome que ele recebe, se inscreve numa cadeia geracional e marca suas insígnias. Seu pai irá nomeá-lo com o próprio nome num ato de nomeação que Lacan diz ser um fenômeno que designa um traço especial e unário, marcando que aquele filho é o que os outros não são; ele se investirá de uma série de conotações significantes que adquirirão existência e consistência.

Entram na sala do analista um negro de dois metros de altura e uma branquinha pequena, miúda. Ele tremia visivelmente ao anunciar que tinham vindo porque sua mulher tinha uma filha, agora com seis anos, que ele ajudava a criar desde os nove meses, e que queria adotá-la. Ambos tiveram um filho em comum, que estava agora com quatro anos. Ao matriculá-lo na mesma escola da filha Maria se deram conta de que seus filhos tinham sobrenomes diferentes – e o pai gostaria de que tivessem ambos o seu sobrenome, afinal o pai biológico da menina nunca mais a procurara. Ele e sua mulher se encaminham então à 1ª Vara da Infância e Juventude para pedir a adoção, onde lhe perguntaram se já havia conversado com a filha sobre não ser seu pai biológico e de sua intensão de adotá-la. Ele então revela seu imenso temor da revelação por ser louco pela menina, achando que ela o repudiaria.

A mãe, sempre calada e pequenina perante o gigante, anuncia que seu marido era o anjo da casa. Desde que o pai de Maria a havia abandonado, ele teria tomado conta dela, da filha, da casa. Era um anjo verdadeiro.

O analista é pego de surpresa pelo fato de que um pai não o é de fato, mesmo que biológico, sem que possa sustentar seu lugar como função. É só o pai simbólico que pode ser tido como um representante original da autoridade da lei. Este se sustenta para além da mãe, aquela que ocupa inicialmente o lugar do Outro, graças a "um modo privilegiado de presença"[14], diz Lacan, o que compreendemos como sua presença no desejo da mãe. A mãe instaura para o filho um lugar fora dela, numa posição terceira, entre ela-mãe e a criança. Assim é o Nome-do-Pai, inscrição, feita pela mãe, do significante de sua própria falta. Trata-se de um lugar vazio que algum homem possa vir a ocupar. É neste lugar de acontecimento de fala que se advém como sujeito, como pré-anunciava Freud com seu "Wo es war, soll Ich werden", "Lá onde Isso era, o Eu advirá".

No entanto, a criança, em seu drama edipiano, vai encenar imaginariamente, a partir de coordenadas simbólicas, a reinscrição da figura deste pai como ideal: um pai forte, onipotente, digno de ser amado e admirado. Esta imagem vai promovê-la, sustentá-la, garanti-la no decorrer de sua existência.

Se nada disso houvesse, faltaria a cada ser a faculdade de desejar; assim, ao pai não se escapa, ou viveríamos no vigor do louco desejo da mãe. É preciso que haja este que barra, o pai, que se presta a ser amado e odiado, olhado com admiração e desdém.

No caso de nosso anjo negro, capturado narcísicamente no projeto de criar Maria, ele se angustiou no momento em que percebeu a diferença dos sobrenomes de seus filhos. Revelar... e o medo de perder o amor da filha? É como se a falta do patrimônio genético fosse esburacar, romper os laços familiares, como se fosse indigno para essa filha ser inscrita em nova filiação... Sendo assim, ele optou por uma tentativa de apagamento da pré-história de Maria.

Será que, como anjo reparador de uma injustiça sofrida por ela, não sabia da importância do encontro que promoveu ao se disponibilizar psíquica e amorosamente como pai para essa filha?

---

[14] Lacan, J. *Os complexos familiares.* Rio de Janeiro: Jorge Zahar, 1985, p. 25.

Mais uma vez a mocinha miúda revela surpresa e relata ao analista que havia uma novela com uma menininha adotada, e que Maria só falava nessa personagem...

Françoise Dolto[15] nos diz que, consciente ou inconscientemente, eles tudo sabem de sua história. Maria sabia de sua adoção apesar de nunca ter sido revelada. Ela sabia que seu sobrenome era diferente, que não se parecia tanto quanto seu irmão com o pai. O véu estava lá, à espera de que o retirassem. De sua parte, há muito que já havia feito deste anjo negro seu verdadeiro pai, há muito que ela o adotara...

A identificação com os pais representa a resposta da criança ao desejo deles, é uma estratégia inconsciente para enganchar o gozo do Outro, a fim de se assujeitar a ele e se tornar objeto do seu gozo. A criança se dá conta dos significantes da acolhida oferecida para ali derramar os elementos de sua pré- história.

Em *Complexos familiares*[16], Lacan afirma que a família desempenha papel primordial na transmissão da cultura. Ela prevalece na primeira educação, na aquisição da língua chamada de materna, preside os processos fundamentais do desenvolvimento psíquico, estabelece entre as gerações uma continuidade psíquica, cuja causalidade é de ordem mental.

A família possui um nome próprio que designa o dentro e o fora do grupo. A transmissão deste nome se faz automaticamente, sem que se julguem as qualidades dos filhos. Os filhos recebem este nome próprio proveniente de um mais além de seu pai, um enigma, algo maior, que é o pai simbólico. O sujeito que exerce a função de pai na sua efetividade simbólica transmite a lei.

Quando nasce uma criança e esta vai ser registrada, é necessário que o pai declare "esse é meu filho", "esse é seu nome". O pai é, então, o encarregado da sucessão, assegurando a ordem pela qual

---

[15] Dolto, F. e Hamad, N. *Destinos de crianças.* São Paulo: Martins Fontes, 1998.

[16] Lacan, J., *op. cit.*

cada um vem encontrar o seu lugar numa cadeia, cadeia significante instaurada desde então por ele.

À criança adotada esse lugar é negado, mas surge um outro lugar a sua disposição. Ela perderá seu nome, nome que às vezes desconhece, mas outro lhe é oferecido; cabe a ela fazê-lo seu.

> Aquilo que herdaste de teus pais,
> Conquista-o para fazê-lo teu.
>
> (Goethe)[17].

---

[17] Goethe, Fausto, parte I, cena I, *in* Freud, S. Totem e tabu, vol. XIII, *Edição standard das obras completas de Sigmund Freud.* Rio de Janeiro: Imago, p. 52.

IV – Breve histórico e perspectivas

A pesquisa na Escola Lacaniana de Psicanálise (ELP) vem, desde 1998, se realizando na direção da extensão em psicanálise, nos diversos segmentos do campo sócio-institucional.

A possibilidade de pensar uma perspectiva neste campo, nomeado de "clínica geral", só é possível levando-se em conta o histórico da pesquisa na Escola, razão pela qual vale fazer um breve resumo desta experiência:

1) Projeto Central do Brasil – com meninos e meninas de rua

Em 1998, analistas movidos pelo interesse de trabalhar a questão dos discursos, sua relação com o sintoma particular e os efeitos deste no social, iniciaram uma série de entrevistas no extinto Abrigo da Prefeitura, sediado no Batalhão da Polícia Militar da Rua Bartolomeu Mitre, Leblon.

A razão da escolha deste segmento da população, isto é, meninos e meninas em situação considerada de risco, deveu-se ao fato de serem adolescentes e estarem num momento sabidamente de questionamento, não só das leis da cidade, mas da Lei que sustenta os liames na cultura.

Por esta razão, consideramos que deveriam ter algo a instruir à Psicanálise.

As primeiras entrevistas foram feitas com os educadores e coordenadores do Abrigo; em seguida, ouvimos meninos e meninas com diferentes idades. A grande surpresa foi saber que raros eram os casos de adolescentes sem família. As razões pelas quais se encontravam nas ruas variavam de maus-tratos e desagregação familiar ao puro interesse pela promessa de aventura que as ruas pudessem oferecer. Pudemos também constatar o precário grau de escolaridade e o desinteresse quase total pelo aprendizado formal.

Verificamos que todo esse quadro, no qual se evidenciava uma precariedade psíquica considerável, devia-se à não-efetividade de laços entre esses meninos e suas famílias. Por outro lado, escutamos dos responsáveis pelos abrigos que estes também apresentavam pontos de identificação de suas histórias pessoais com as dos meninos, além do despreparo para desempenhar as funções que lhes estavam destinadas.

Num segundo tempo, passamos a atender os meninos pelo critério de escolha dos coordenadores: cada jovem era atendido em sessões semanais privadas, inicialmente numa Igreja Anglicana situada no Leblon e depois na Igreja Batista situada em Copacabana, na Rua Décio Vilares, quando finalmente nos foi destinada uma sala na SMDS de Laranjeiras (CR2-1). Durante 3 anos, atendemos vários jovens, porém de forma inconstante, na medida em que, por diversas razões, os órgãos responsáveis não conseguiam sustentar a continuidade das idas às sessões.

Com este trabalho, que gerou vários artigos e textos publicados no Brasil e no exterior, pudemos concluir da importância da presença do discurso analítico junto a esses projetos com populações carentes, na medida em que se trata de um instrumento de questionamento e reflexão dos modos de organização cultural em nossa cidade.

Que papel as populações marginais têm na organização da sociedade estabelecida? Sabemos da psicanálise que aquilo que é rejeitado no Simbólico retorna no Real. Não seriam esses sujeitos o resultado daquilo que somos e que temos vergonha de querer saber? Seriam eles o resultado da nossa agressividade contida pelas leis estabelecidas e o retorno dos nossos impulsos mais inconfessáveis?

Essas e outras questões foram levantadas e trabalhadas durante reuniões científicas semanais, realizadas, sobretudo, pela equipe dos psicanalistas envolvidos, mas também com os coordenadores da CR2-1.

2) Projeto Central do Brasil II – "Do bebê à constituição de um sujeito"

Em consonância com o projeto anterior, passamos a trabalhar em parceria com a Secretaria Municipal de Desenvolvimento Social, na creche Ana Maria da Cruz Silva/24 hs., situada no Sambódromo, no período de 2000 a 2001.

Partindo da suposição de que uma intervenção realizada a tempo poderia, senão impedir, ao menos minimizar possíveis transtornos na constituição do sujeito, e a fim de facilitar as condições para uma efetiva relação entre pais, filhos e equipe de profissionais da creche, decidiu-se por acompanhar crianças na faixa de 6 meses a 1 ano e meio, em dois berçários (101 e 102).

O trabalho foi realizado nos berçários que necessitavam de atenção específica, com atendentes e cuidadoras com quem se pôde estabelecer uma boa parceria.

Os analistas contribuiram com a revitalização de um espaço denominado Escola de Pais, espaço este destinado a favorecer uma maior integração entre os pais e os profissionais da creche.

Foram dadas uma série de palestras, elaboradas pela equipe de analistas, com temas pertinentes, tais como: a constituição da subjetividade, aquisição da fala, aleitamento e desmame, a construção do vínculo materno-infantil, a função do pai, a importância das cuidadoras no trato com as crianças e outros.

Durante o período de trabalho, numa cooperação mútua com a creche, os analistas procuraram manter reuniões periódicas com os pais, para que estes pudessem estar informados tanto a respeito do funcionamento da creche, quanto das questões particulares referentes aos filhos.

Percebeu-se uma mudança significativa nas relações dos profissionais da instituição com as crianças e seus pais e também observou-se efeitos nas relações sociais e domésticas destas famílias. A presença da escuta analítica passou a ser elemento fundamental para o trabalho.

A realização deste projeto levou-nos a observar o quanto é importante uma atenção específica a este tempo primordial em que são construídas condições necessárias para o advento do aparelho psíquico no *infans,* já que estas condições não dependem somente da maturação biológica.

Ao final, concluímos pela indicação de algumas ações importantes tanto no âmbito específico da creche quanto num plano mais geral da saúde mental:

- Um comprometimento maior do pai-mãe-bebê no processo de adaptação à creche, sobretudo no período que envolve o aleitamento.
- Cursos de capacitação permanentes para os profissionais envolvidos diretamente com as crianças.
- Avaliações psico-pedagógicas regulares
- Integração entre equipes multidisciplinares e pais.
- Estabelecimento de convênios com unidades de Saúde Materno-infantil, em instituições universitárias ou assistenciais públicas ou privadas, visando dar suporte necessário aos serviços de: pediatria, enfermagem, preventiva, estimulação psicomotora, nutrição, serviço social e pedagogia.

3) Bebês prematuros em UTI neonatal

Em maio de 2003, iniciamos os trabalhos de pesquisa no interior da Unidade de Tratamento Intensivo e Unidade Intermediária neonatal do Hospital Universitário Antônio Pedro-UFF.

Divididos em equipes de duas ou três pessoas, freqüentamos uma vez por semana, no período mínimo de duas horas os procedimentos realizados pela equipe médica e de enfermagem, bem como conversamos e demos assistência a alguns pais, principalmente às mães.

A despeito da competência das equipes envolvidas, percebemos um certo desconhecimento aos aspectos fundamentais para uma constituição psíquica adequada.

Realizamos então um primeiro encontro, onde fizemos abordagens teóricas e práticas para instruir ambas as equipes. Fizemos um questionário voltado à equipe técnica de enfermagem, pretendendo levantar os problemas enfrentados pela mesma no cotidiano das duas unidades hospitalares, e as expectativas em relação à colaboração dos analistas com esta equipe.

Percebemos a importância de oferecer um curso de capacitação para transmitir as equipes o conceito de constituição subjetiva jque as respostas ao questionário demonstraraprecoce do bebê a partir do laço mãe-bebê. Deste modo esperamos diminuir o tempo de internação e os danos ulteriores aos bebês.

Realizamos dois outros encontros no auditório do HUAP. Lá apresentamos os resultados das entrevistas realizadas tanto com a equipe médico-hospitalar como com os pais dos bebês. Iniciamos as sessões clínicas no hospital que só foram interrompidas quando da elaboração deste livro.

4) Função paterna

Iniciamos um trabalho de pesquisa sobre a Função Paterna há cinco anos, que ainda está em curso, em parceria com a equipe de psicologia da 1ª Vara da Infância, da Juventude e do Idoso. O trabalho consiste em receber pais adotivos, requerentes à adoção, crianças e adolescentes já adotados ou em processo adotivo, que por algum motivo necessitam de um outro lugar de escuta, no caso, uma escuta psicanalítica. A equipe seleciona estes casos e faz encaminhamentos para a equipe de psicanalistas da pesquisa. Além disso, instituímos sessões clínicas bimestrais, em conjunto com a equipe técnica da 1ª

Vara, quando discutimos os casos mais instigantes, ou que apresentam alguma dúvida sobre a melhor condução a ser dada ao processo, e também questões relativas ao processo de adoção, como, por exemplo, suspensão ou recusa da habilitação, adoção monoparental etc.

No que tange às conseqüências da escrita destes casos, podemos dizer que a questão maior nesta pesquisa diz respeito ao fato de que não são apenas as disparidades socioeconômicas de nosso país que geram o abandono e demais perturbações na transmissão geracional. É a fratura ocorrida no seio da família, núcleo original para a transmissão da Lei, em conseqüência da profunda mudança de valores sociais, da globalização etc, que vem dificultando a assunção e o exercício da paternidade. Dizer que a pobreza é a maior responsável pelo abandono de crianças e adolescentes em nossas cidades é simplificar a questão.

Nossa pesquisa vem mostrando que as dificuldades financeiras aliadas à pouca escolaridade, ao desemprego e à falta de projetos para uma vida futura são, em conjunto, um forte complicador. Mas a questão se coloca no que de mais próximo toca a constituição subjetiva: a dificuldade de atravessar o complexo edípico, nos moldes propostos por Freud, uma vez que hoje as famílias são organizadas de uma maneira tal que a matriz pai, mãe e filho não se apresenta, necessariamente, articulada.

Para investigarmos melhor as causas e as conseqüências do abandono subjetivo, no qual a função paterna parece incidir fragilmente, ou de um modo distinto do esperado no Complexo de Édipo, decidimos criar um novo segmento de pesquisa, que tem como objetivo trabalhar com crianças bem pequenas (de dois a sete anos). Neste projeto de pesquisa pretendemos pensar a aquisição da fala e do escrito, como efeitos da escrita inconsciente do sujeito.

Para tanto, estamos discutindo os moldes de nosso projeto, com os abrigos de crianças e adolescentes abandonados, as creches e as escolas, para implementarmos a pesquisa. Esta terá como objeto de estudo as histórias inventadas, contadas, a partir da elaboração fantasística de cada sujeito, em sessões regulares com as crianças e adolescentes –ao final, o material poderá ser publicado. Nomeamos este trabalho de "Celeiro da Escrita".

Um primeiro encontro do Celeiro com o abrigo "Resgate", de Niterói, que tem a colaboração da ONG "Quintal da Casa de Ana", já foi realizado no final de 2006 .

A idéia é promover uma elaboração discursiva sobre o lugar onde cada criança pode se ver em relação à sua própria história edípica, seja re-criando a ficção de sua história, seja criando estórias. Apostamos que a experiência de falar sobre suas fantasias poderá permitir a abertura para o retorno do que está esquecido, não dito, isto é, recalcado; a ficção sobre a origem poderá ter uma chance de ser melhor constituída.

Especificamente, em relação à colaboração de pesquisa efetivada a partir das indicações de alguns casos que a equipe técnica da 1ª Vara, verificamos que a questão da adoção de crianças e adolescentes é mais complexa do que o puro e legítimo desejo de ter um filho ou regularizar oficialmente uma situação já existente de convívio. O problema se estende ao entendimento do que o discurso psicanalítico propõe para o termo "adoção", sendo este fundamentalmente simbólico e, portanto, indo além do imaginário que o cerca. Ele coloca, no centro de uma discussão jurídica, a estrutura edípica como o que rege a constituição de uma família e, se não é essa estrutura pensada pela teoria freudiana que hoje vigora, que novas organizações familiares poderiam garantir um lugar para a estruturação de um sujeito?

Outro ponto de reflexão: é preciso promover um trabalho de reintegração no qual os pais e responsáveis possam ter condições de se ocupar de seus filhos. Insistir nas efetivações de adoção pelas próprias famílias de origem, isto é, que os pais possam dar aos filhos lugar em suas economias psíquicas ao invés de abrirem mão do desejo que fez seus filhos nascerem, mesmo em condições socioeconômicas adversas. Somente no caso de um fracasso desta tentativa se justificaria a adoção por um outro.

Existem razões veladas que dificultam o acolhimento e a adoção efetiva de cada filho. São essas razões que o trabalho psicanalítico visa trazer à discussão, sobretudo nas demandas dos pais e postulantes à adoção, lembrando-lhes que ser pai/ser mãe implica reconhecer, antes, o lugar de filho/filha que se teve para outros. É, pois, do lugar de criança para cada um, enquanto adotado ou não, que se trata.

Depois de mais de dez anos de pesquisa sobre a Função Paterna, a equipe de psicanalistas da ELP-RJ envolvida pôde verificar que o problema de fundo levantado pelo questionamento das vicissitudes da Função Paterna na nossa cultura está vinculado não apenas às disparidades socioeconômicas de nosso país. mas, também, a um enorme adormecimento, um verdadeiro desconhecimento das conseqüências do discurso dominante, isto é, o discurso do capitalista, junto a esta população.

V – Glossário

CARTEL – Nome dado ao funcionamento proposto por Jacques Lacan como base de sustentação para uma Escola de Psicanálise que tenta romper com a dinâmica de um grupo. Composto por quatro membros mais um, cuja função é justamente a de desfazer as cristalizações imaginárias.

COMPLEXO DE ÉDIPO – Tempo de elaboração da posição subjetiva de toda e qualquer criança na relação com as figuras parentais. Conclui-se pela identificação com um dos membros do casal parental.

FORMAÇÕES DO INCONSCIENTE – Modos de manifestação do inconsciente através da fala. São eles: chistes, atos falhos, sonhos e sintomas (ver Lacan – Sem. V).

ENUNCIAÇÃO – Na Lingüística (ver Banveniste), o enunciado corresponde ao conteúdo manifesto da fala e a enunciação às marcas do eu na fala. Para a Psicanálise a enunciação é o momento de comparecimento do inconsciente na fala através de suas formações, dando lugar à singularidade de cada sujeito (ver Lacan – Sem. V).

GOZO – Em Psicanálise, gozo não é prazer nem se refere ao sentido comum do sexual. É o que no sofrimento de um sintoma é experimentado como perda de sentido, motivo pelo qual não se compreende por que se sofre.

INFÂNCIA – Tempo de constituição da fantasia fundamental. Chama-se de fantasia fundamental o período necessário para que a criança constitua para si um lugar no mundo. Este período corresponde ao tempo da experiência do Édipo.

METÁFORA PATERNA – Corresponde à marca da lei da linguagem e da cultura à qual está submetido todo falante, sendo resultado do Édipo.

Nome-do-pai – É o enigma que se apresenta no nome de cada sujeito, para além do nome de família. É, pois, o significante que inscreve cada um como falante numa série familiar.

Nomes-do-pai– corresponde à leitura do Nome-do-pai no Real, Simbólico e Imaginário.

VI – Equipes participantes do projeto e do livro

Equipe de pesquisadores do Projeto Função Paterna

MariaTeresa Palazzo Nazar (coordenadora)
André Luís de Oliveira Lopes
Maria Cecília Vieira Bretas
Ísis Regina dos Santos Mendes
Mirta Fernandes
MariaTeresa Saraiva Melloni

Equipe de autores do livro *A função paterna*

MariaTeresa Palazzo Nazar (organizadora)
Ana Paula da Costa Gomes
André Luís de Oliveira Lopes
Maria Cecília Vieira Bretas
Ísis Regina dos Santos Mendes
Mirta Fernandes
MariaTeresa Saraiva Melloni

Comissão revisora

André Luis de Oliveira Lopes
Bethania Sampaio Corrêa Mariani
Cristina Ribas
Maria Cecilia Vieira Brêtas
Mirta Fernandes
Miriam Celli Dyskant
Sandra Regina Felgueiras
Teresa Palazzo Nazar

IMOS
Gráfica e Editora

Imos Gráfica e Editora Ltda.
Tel./Fax: (21) 2450-3505
www.imos.com.br